BIOskop

Gymnasium Nordrhein-Westfalen 5/6

Strukturierungsvorschläge und Aufgabenlösungen

Herausgeber
Rainer Hausfeld
Wolfgang Schulenberg

Autoren
Ingrid Abenthum-Glaser
Harald Glaser
Jürgen Gronotte
Rainer Hausfeld
Mariela Kalkhake
Daniel Klaßen
Joachim Kühmstedt
Norbert Pütz
Martin Ratermann
Eckhardt Schröder
Manfred Schulte
Wolfgang Schulenberg
Franz Stoppel
Henning Teschner
Bernd Vorwerk
Anna Wittekindt

westermann

Druck A[1] Jahr 2008
Alle Drucke der Serie A sind im Unterricht parallel verwendbar.

Redaktion: Heidrun Kiene
Herstellung: Mediengestaltung CeZet Claudia Zierenberg
Umschlaggestaltung und Typografie: Jennifer Kirchhof
Druck und Bindung: westermann druck GmbH, Braunschweig

ISBN 978-314-159523-9

Inhaltsverzeichnis

M Aufgaben richtig verstehen 5
M Basiskonzepte: Grundlegende Erkenntnisse im Fach Biologie 5

1 Angepasstheit der Tiere an verschiedene Lebensräume
1.1 Tiere und Pflanzen in meiner Umgebung 7
1.2 Der Maulwurf 8
1.3 Der Feldhase 9
1.4 Wildkaninchen 10
1.5 Der Rotfuchs 11
M Diagramme erstellen und verstehen 12
M Kennübung Vögel 13
1.6 Amseln – Fortpflanzung und Verständigung 13
1.7 Federn – ein Kennzeichen der Vögel 14
1.8 Vögel – Wirbeltiere in Leichtbauweise 15
1.9 Die Wespe – ein Insekt 16
1.10 Fortbewegung von Insekten 17
1.11 Vergleich von Wirbeltieren und Insekten 18

2 Blütenpflanzen
2.1 Bau von Blütenpflanzen 19
2.2 Die Wurzel 20
2.3 Die Sprossachse 21
2.4 Das Laubblatt 22
2.5 Blüten und ihr Aufbau 22
2.6 Bestäubung, Befruchtung, Samenbildung 23
2.7 Von der Blüte zur Frucht 24
M Bewerten am Beispiel verschiedener Apfelsorten 25
2.8 Ausbreitung von Samen und Früchten 25
2.9 Keimung und Wachstum 26
M Versuche durchführen 27
2.10 Blütenpflanzen ungeschlechtlich vermehren 27

3 Nutztiere und Nutzpflanzen
3.1 Hunde sind beliebte Haustiere 29
3.2 Fortpflanzung und Ernährung des Hundes 30
3.3 Hundezüchtung und Hunderassen 31
3.4 Katzen sind Schleichjäger 32
3.5 Verständigung bei Hund und Katze 33
M Beobachten und Beschreiben 34
M Vergleichen 35
3.6 Das Rind – unser wichtigstes Nutztier 36
3.7 Das Rind – ein spezialisierter Pflanzenfresser 37
3.8 Schweine 37
3.9 Hühner 39
3.10 Das Hühnerei als Ware 39
3.11 Getreide sind Gräser 40
3.12 Der Grashalm als Vorbild: leicht, schlank, stabil 41
3.13 Kartoffeln – nahrhafte Knollen 42
3.14 Der Landwirt – ein grüner Beruf 43

4 Biotop- und Artenschutz
4.1 Lebensräume in der Umgebung 45
4.2 Lebensräume verändern sich 45
4.3 Gefährdung und Schutz von Arten 46
4.4 Lebensraumschutz ist Artenschutz 47
M Basiskonzepte zum Thema „Vielfalt von Lebewesen“ 47

5 Ernährung und Verdauung
5.1 Bedeutung der Ernährung 49
5.2 Nährstoffe sind wichtige Bestandteile der Nahrung 50
5.3 Vitamine, Mineralsalze, Ballaststoffe 50
5.4 Nahrung liefert Stoffe und Energie für den Körper 50
5.5 Ausgewogene, gesunde Ernährung 51
5.6 Verdauung der Nahrung 53

6 Bewegungssystem des Menschen
6.1 Das Skelett des Menschen 55
6.2 Knochen und Gelenke 56
6.3 Muskeln bewegen den Körper 57
6.4 Verletzungen und Erkrankungen der Bewegungsorgane 58
6.5 Fit durch Bewegung 60

7 Atmung und Blutkreislauf
7.1 Eigenschaften und Zusammensetzung der Luft 63
7.2 Wie wir ein- und ausatmen 64
7.3 Gasaustausch in der Lunge 64
7.4 Zusammensetzung des Blutes 66
M Der Dreisatz 66
7.5 Aufgaben des Blutes 67
7.6 Blutkreislauf 68
7.7 Anpassung an körperliche Anstrengungen 69

7.8 Zusammenwirken der Organe 70

8 Drogensucht
8.1 Sucht und Drogen 73
8.2 Alkohol 74
8.3 Tabak 75

9 Die Haut
9.1 Bau und Aufgaben der Haut 77
9.2 Pflege der Haut 78
M Basiskonzepte zum Thema „Bau und Leistungen des menschlichen Körpers" 78

10 Lebewesen bestehen aus Zellen
10.1 Lebewesen bestehen aus Zellen – Wachstum durch Zellteilung 79
10.2 Bau von Pflanzen- und Tierzellen 79

11 Das Sonnenlicht ermöglicht Fotosynthese
11.1 Blätter – Orte der Fotosynthese 81
11.2 Zusammenwirken der Organe bei der Fotosynthese 82
11.3 Fotosynthese und Nahrungsbeziehungen 83
M Einen Kurzvortrag erarbeiten und halten 84
11.4 Die Bedeutung der Fotosynthese für die Erde 84

12 Leben in den Jahreszeiten
12.1 Jahreszeiten, Licht und Wärme 87
12.2 Lebensräume im Verlauf der Jahreszeiten 88
12.3 Frühblüher – schnelles Wachstum im Frühjahr 89
12.4 Bäume und Sträucher im Herbst 90
M Ordnen mit einem Bestimmungsschlüssel 91
12.5 Das Igeljahr 91
12.6 Eichhörnchen 93
12.7 Tiere sind an die Lebensbedingungen im Winter angepasst 94
12.8 Zugvögel 95
12.9 Gleichwarme und wechselwarme Tiere 96
12.10 Das Jahr der Zauneidechse 98
12.11 Amphibien – Leben im Wasser und auf dem Land 98
12.12 Amphibien – Fortpflanzung und Entwicklung 99
12.13 Wanderung von Amphibien 100
12.14 Vergleichender Überblick: Die Klassen der Wirbeltiere 101
12.15 Ein Jahr im Bienenstaat 102

13 Extreme Lebensräume – Lebewesen aus aller Welt
13.1 Beweglichkeit von Tieren in extremen Lebensräumen 103
13.2 Tiere in Kälte und Wärme 104
M Fünf-Schritt-Lesemethode 105
13.3 Wale und Delfine 106
M Tiersteckbrief mit Word erstellen 106
13.4 Zoo 107
M Basiskonzepte zum Thema „Angepasstheiten von Pflanzen und Tieren an die Jahreszeiten" 107

14 Die Sinnesorgane des Menschen
14.1 Sinnesorgane und Wahrnehmung 109
14.2 Erzeugung und Leitung von Schall 110
14.3 Das Ohr 111
14.4 Lärm und Gesundheit 112
14.5 Licht 113
14.6 Das Auge 114
14.7 Auge und Sehen 115

15 Sinnesleistungen von Tieren und Menschen
15.1 Sinneswelten bei Tier und Mensch 117
15.2 Gesichtsfelder sind verschieden 118
15.3 Vergleich von Hör- und Sehleistungen 119
M Basiskonzepte zum Thema „Die Sinnesleistungen des Menschen" 119

16 Sexualität des Menschen
16.1 Jeder Mensch ist einmalig 121
16.2 Veränderungen in der Pubertät 121
16.3 Weibliche Geschlechtsorgane 122
16.4 Männliche Geschlechtsorgane 123
16.5 Befruchtung, Schwangerschaft und Geburt 124
16.6 Entwicklung vom Säugling zum Kleinkind 124
16.7 Familienplanung 125
16.8 Sexuelle Belästigung 126
M Basiskonzepte zum Thema „Sexualität des Menschen" 126

Jedem Abschnitt ist ein **Strukturierungsvorschlag** vorangestellt. Der Strukturierungsvorschlag bietet Ihnen eine Übersicht, wie Sie die inhaltliche Abfolge des jeweiligen Themas im Unterricht strukturieren können. Den einzelnen Schritten dieses Strukturierungsvorschlags sind die Abbildungen und Arbeitsmaterialien des Schülerbuches zugeordnet.

M Aufgaben richtig verstehen

1

Schüler P. hat die Arbeitsanweisungen in der Aufgabenstellung sehr gut umgesetzt. Die Situation wird zunächst genau beschrieben, erst danach erfolgt die persönliche Beurteilung. Schüler M. beschreibt nicht ausführlich genug, sondern stellt sofort eigene Erfahrungen dar.

2

Abb. 4: *Aufgabe:* Zeichne die Kirschblüte aus Abbildung 1 in dein Heft. Beschrifte deine Zeichnung.
Antwort:

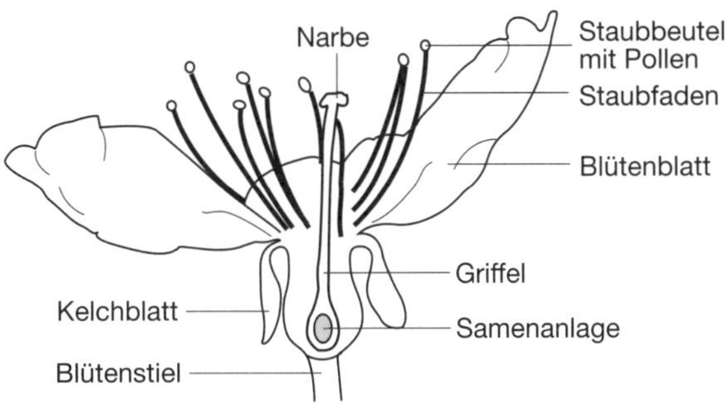

Abb. 5: *Aufgabe:* Delfine sind Säugetiere, die im Meer leben. Beschreibe Angepasstheiten der Delfine an das Leben im Wasser.
Antwort:
- Der stromlinienförmige Körper mit Flossen ermöglicht eine schnelle Fortbewegung im Wasser.
- Die glatte, haarlose Haut ist gut zum Gleiten im Wasser geeignet.
- Delfine können lange unter Wasser bleiben und tauchen nur ab und zu zum Atmen auf.

M Basiskonszepte: Grundlegende Erkenntnisse im Fach Biologie

–

1 Angepasstheit der Tiere an verschiedene Lebensräume

1.1 Tiere und Pflanzen in meiner Umgebung

Umwelt als mitmenschliche, biologische, chemische und physikalische Umwelt	1 2 Abb. 1

Vielfältige Welt der Lebewesen, Artbegriff	2

Methoden: Beschreiben, Vergleichen, Ordnen	3 4

1

a) z. B. unbelebte Umwelt: Temperatur, Luftfeuchtigkeit, Luftdruck, Wind, Elektrizität, Strahlung, Lärm, Sauerstoff, Kohlenstoffdioxid, Rohstoffe, Trinkwasser, Schadstoffe
Lebewesen in der Umwelt: Familienangehörige, Freundinnen, Freunde, Mitschüler/innen, Tiere, Pflanzen, Pilze, Bakterien
b) Zur biologischen Umwelt eines Menschen gehören andere Lebewesen. Auch zu Hause lassen sie sich in die vier großen Gruppen Tiere, Pflanzen, Pilze und Bakterien einteilen. Zu den Tieren können Haustiere gehören (Hund, Katze, Wellensittich, Aquarienfische) aber auch Insekten wie die Stubenfliege sowie Spinnen. Wenn ein Garten zum Haus gehört, ist die Vielfalt der verschiedenen Tiere ziemlich groß sein (unter anderem verschiedene Singvögel wie Kohl- und Blaumeise, Buchfink, Amsel, Singdrossel; Insekten wie Bienen, Hummeln, Fliegen; Schnecken und Würmer im Bodenbereich). Zu den Pflanzen gehören unter anderem Zierpflanzen auf der Fensterbank oder auf dem Balkon und Nutzpflanzen, vor allem im Garten. Bei den Pilzen sind die Pilze mit „Hut“ gut zu sehen. Schimmelpilze können bestimmte Nahrungsmittel befallen. Allerdings sind die meisten Pilze mikroskopisch klein und kommen vor allem im Boden vor. Hefepilze sind bei der Herstellung von Backwaren nützlich. Bakterien sind allgegenwärtig, in der Luft, im Boden und im (Ab-)Wasser. Sie finden sich auch auf der Körperoberfläche des Menschen. Bestimmte Bakterien im Mund fördern Karies an den Zähnen. Nützliche Bakterien werden unter anderem zur Herstellung von Joghurt verwendet.

2

Schätzungen gehen davon aus, dass die Erde ungefähr zehn Millionen Arten beherbergt. Dabei versteht man unter einer Art alle Lebewesen, die sich untereinander fortpflanzen können. Blauwal und Mammutbaum sind Giganten unter den irdischen Lebewesen. Bakterien sind dagegen so klein, dass man sie erst bei starker Vergrößerung mithilfe eines Mikroskops sehen kann.
Ein Fünftel der Arten sind genauer bekannt. In jedem Jahr werden neue Arten von Lebwesen entdeckt. Sie werden dann von Forscherinnen und Forschern beschrieben, mit anderen Lebewesen verglichen und geordnet.
Alle Lebewesen lassen sich vier großen Gruppen zuordnen: Das sind die Tiere, die Pflanzen, die Pilze und die Bakterien. Die Gruppe der Tiere lässt sich weiter in Wirbellose (zum Beispiel Schnecken, Würmer, Insekten) und in Wirbeltiere unterteilen. Zu den Wirbeltiere gehören Fische, Amphibien, Reptilien, Vögel und Säugetiere.

3

a) Im Abschnitt 2.1, Abbildung 2 findet sich eine Kurzbeschreibung verschiedener Lebensräume in alphabetischer Anordnung. Mithilfe dieser Liste lassen sich Lebensräume im Umfeld einer Schule benennen.
b) Die Beantwortung dieser Aufgabe hängt von den spezifischen Gegebenheiten im Umfeld der Schule ab - und von der Artenkenntnis der Schülerinnen und Schüler. Ein Unterrichtsgang ist sinnvoll, um die Aufgabe zu lösen.

4

a) Turmfalke (q), Hermelin (c), Dorngrasmücke (n), Hase (m), Zauneidechse (d), Neuntöter (o), Kleiner Fuchs (b), Habicht (r), Schwebfliege (k), Hainschnirkelschnekke (f), Goldammer (p), Igel (g), Rötelmaus (i) Fasan (a), Laufkäfer (h), Erdkröte (l).

b) Ordnungskriterien könnten sein (Auswahl): a) Tiere, die fliegen und die nicht fliegen können, b) Tiere mit Federn und ohne Federn; c) Tiere, die vor allem am Boden der Hecke oder aber höher in den Sträuchern und Bäumen leben. Im Sinne des Grundwissen-Textes wären in fachlicher Hinsicht folgende Ordnungskriterien einzubringen: Wirbellose Tiere (Kleiner Fuchs, Hainschnirkelschnecke, Schwebfliege, Laufkäfer) und Wirbeltiere (alle anderen dargestellten Tiere). Die Wirbeltiere lassen sich mit Blick auf Abbildung 2 weiter untergliedern (Amphibien: Erdkröte; Reptilien: Zauneidechse; Vögel: Habicht, Turmfalke, Dorngrasmücke, Neuntöter, Goldammer, Fasan, Buntspecht; Säugetiere: Hermelin, Igel, Rötelmaus, Hase).

1.2 Der Maulwurf

Maulwürfe sind Insektenfresser	Abb. 1

Der Maulwurf lebt in einem Bau unter der Erde	2 Abb. 3

Revier des Maulwurfes	1 Abb. 2

Angepasstheit an das Leben unter der Erde – Gutes Gehör – Leistungsfähiger Geruchs- und Tastsinn – Fell ohne Strich – Kräftige Vorderbeine – Breite Hände mit kräftigen Krallen	3

1

a) Anzahl der Maulwurfshügel: 26
Größte Entfernung zwischen zwei benachbarten Maulwurfshügeln: 6,2 m (3,1 cm auf dem Bild, Maßstab 1:200)
Reviergröße: ≈ 550 m^2 (auf dem Bild: 13 cm x 10,6 cm; entspricht 26 m x 21,2 m = 551,2 m^2)
b) –

2

- lange Gänge mit vielen Verzweigungen
- Sackgassen, teilweise mit Kammern
- Öffnungen an Erdoberfläche
- große Kammer mit Nest zur Aufzucht der Jungen
- kleinere Kammern als Vorratshöhlen
- Gänge verbinden die Kammern, in ihnen wird nach Nahrung gesucht
- manche Gänge stoßen an Steine und können daher nicht weitergegraben werden

3

Merkmal	Bedeutung
guter Geruchssinn	Der Maulwurf kann seine Beute gut aufspüren.
guter Gehörsinn	Der Maulwurf kann seine Beute aufspüren, auch ohne sie zu sehen.
guter Tastsinn	Der Maulwurf kann sich in völliger Dunkelheit gut zurechtfinden und Nahrung suchen.
spitze Zähne	Maulwürfe können Insekten, Larven, Würmer und Schnecken erbeuten.
Fell ohne Strich	Maulwurf kann sich in engen Gängen gut vorwärts und rückwärts bewegen.
kräftige Vorderbeine mit harten Knochen, Hände breit mit kräftigen Krallen	Der Maulwurf kann mit viel Kraft graben und Gänge anlegen.

1.3 Der Feldhase

Fortbewegung des Hasen	1 Abb. 1,3,4
Sinne des Hasen	4
Der Hase – ein Fluchttier	2 3 6 Abb. 5
Fortpflanzung und Entwicklung	Abb. 2
Der Hase ist gefährdet	5 Abb. 6

1

- Absprung von den starken Hinterbeinen (Abb. 1), die dabei fast nebeneinander stehen (Abb. 4).
- Während des Sprungs ist der Hase langgestreckt ganz in der Luft (Abb. 1).
- Er kommt auf den Vorderbeinen auf, die Hinterbeine werden vor den Vorderbeinen aufgesetzt zum neuen Absprung (Abb. 1).
- Hinterbeine sind länger und kräftiger als Vorderbeine (Abb. 3) (gut zum Springen).

2

Hinterläufe stark und lang. Verhältnis Hinterbein / Vorderbein: 2,5 cm / 1,8 cm (ca.) = 1,4
Die Hinterbeine sind also fast 1 1/2 mal so lang wie die Vorderbeine.

3

Die abrupten Richtungswechsel der Feldhasen nennt man Haken schlagen. Bevor ein Verfolger den Hasen erreichen kann, ändert dieser schnell zwischen zwei Sprüngen die Richtung. Der Hase kann so Verfolgern entkommen, da diese ihm nur in viel weiteren Kurven folgen können, also einen längeren Weg haben (Abb. 5).

4

Der Hase hat große, seitlich sitzende Augen. Dadurch kann er nach hinten sehen, ohne den Kopf zu drehen. Außerdem kann er gut hören und Bodenerschütterungen wahrnehmen. Auch kann er gut riechen und hält, während er in seinem Versteck sitzt, die Nase gegen den Wind. Er bemerkt so früh sich nähernde Feinde.

5

In beiden Gebieten sind die Hasenbestände zwischen 1993 und 1998 zurückgegangen. Im Gebiet mit nassem Boden ging der Bestand auch im letzten Jahr weiter zurück und lag 1999 nur noch bei 0,7 im Vergleich zu 1 am Anfang der Untersuchung 1992. Im Gebiet mit trockenem Boden nahm der Bestand dagegen im letzten Jahr wieder deutlich zu und lag 1999 auf demselben Niveau wie 1992.
[Nach einer Erklärung für diesen Verlauf ist in der Aufgabe nicht explizit gefragt. Mögliche Erklärungen: Generelle Bestandsabnahme durch Verschlechterung der Lebensbedingungen (Nahrung, Versteckmöglichkeiten, Feinde, Störungen durch den Menschen), im nassen Gebiet zusätzlich: evtl. Sassen-Bau erschwert, schnelles Laufen schwieriger, Einfluss auf Nahrungsquellen, evtl. auch Infektionen…]

6

Verhaltensweisen der Feldhasen

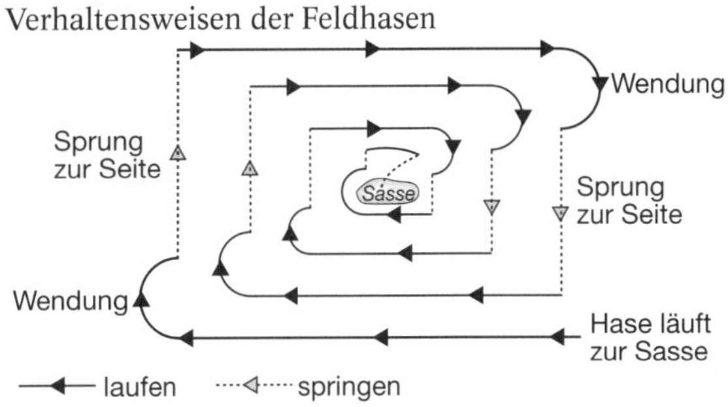

Der Hase ist durch seine Fellfarbe gut getarnt, wenn er in seiner Sasse sitzt. Damit Feinde ihn dort nicht finden, läuft er nicht auf direktem Weg zur Sasse, sondern legt verwirrende Spuren an, in dem er zunächst mehrmals an der Sasse vorbei läuft und dann in einem großen Sprung, also ohne Spuren zu hinterlassen, in sie hinein springt. Von dort kann er Feinde gut beobachten und sich zunächst auf seine Tarnung verlassen. Erst wenn der Feind sehr nah ist, ergreift er die Flucht. Da er sehr schnell rennen und Haken schlagen kann, kann er auch dann noch entkommen. Die Skizze sollte auf der Basis der Angaben im Text eigenständig gefertigt werden.

1.4 Wildkaninchen

Sinne des Wildkaninchens – Kaninchen sind Fluchttiere	4 Abb. 1,6
Sozialverhalten	Abb. 2
Fortpflanzung und Entwicklung	1 2 5 Abb. 2,5,7
Fressfeinde und Überleben	3

1

Nestflüchter wie der Feldhase können direkt nach der Geburt sehen und kriechen; sie sind sofort relativ selbstständig. Nesthocker wie das Wildkaninchen sind bei der Geburt nackt und blind und auf ihre Mutter angewiesen. Sie werden lange von der Mutter gesäugt und sind erst nach mehreren Wochen selbstständig.

2

Nesthocker: kurze Tragdauer, viele Junge pro Wurf
Nestflüchter: lange Tragdauer, wenige Junge pro Wurf, nur ein Wurf pro Jahr

Nesthocker	Nestflüchter
Zwergmaus	Damwild
Hausmaus	Rehwild
Wanderratte	Wisent
Wolf	Mufflon
Fuchs	Gämse
Wildkatze	
Luchs	

3

a) Räuber: z.B. Bussard, Habicht, Fuchs, Wiesel, Iltis, Katze
Mensch: Autos, Jagd
b), c) Der Feldhase hat eine höhere Tragdauer, weniger Würfe pro Jahr und auch weniger Junge pro Wurf als das Wildkaninchen. Die Jungen sind aber viel schneller selbstständig und von Geburt an können sie sehen und haben ein Fell. Dagegen sind Wildkaninchen als Nesthocker erst nach fünf Wochen selbstständig und bei Geburt blind und nackt. In dieser Zeit sind sie auch sehr durch Feinde gefährdet. Da Wildkaninchen aber jedes Jahr sehr viele Junge bekommen, ist das Überleben der Art trotzdem gesichert. Der Feldhase bekommt zwar weniger Junge im Jahr, diese sind aber sofort weiter entwickelt und haben so eine höhere Überlebenschance.

4

Orange: Bereich des Gesichtsfelds, der von beiden Augen gesehen wird.
Gelb: Bereich des Gesichtsfelds, der nur von einem Auge gesehen wird.
Grauer Kreisausschnitt beim Kaninchen: Bereich der Umgebung, in dem nur schemenhaft Bewegungen wahrgenommen werden.
Grauer Kreisausschnitt beim Fuchs: Bereich der Umgebung, die überhaupt nicht gesehen wird.
Das Kaninchen hat seitlich stehende Augen und kann fast seine ganze Umgebung sehen (Kreis fast geschlossen). Auch bei nach vorne gerichtetem Kopf kann es hinter sich schauen. Allerdings sieht es den größten Teil nur mit einem Auge und daher nicht dreidimensional. Der Fuchs hat nach vorne blickende Augen und kann nur einen viel kleineren Ausschnitt seiner Umgebung wahrnehmen und nicht hinter sich schauen. Er sieht aber einen großen Ausschnitt mit beiden Augen gleichzeitig und kann so auch räumlich sehen.
Das Kaninchen ist ein Fluchttier, für das es wichtig ist, Feinde früh wahrzunehmen. Daran ist es durch seine seitlich stehenden Augen gut angepasst; auch Feinde, die hinter ihm auftauchen, werden gesehen. Der Fuchs ist ein Raubtier; für ihn ist es wichtiger, Beutetiere sehr genau zu sehen und beim Fixieren auch ihre Entfernung einschätzen zu können. Dies ist nur beim Sehen mit beiden Augen gleichzeitig möglich.

5

Zeit in Tagen	Masse in g – Hase	Masse in g – Kaninchen
Geburt	150	50
14	350	100
28	800	120
42	1000	150

Der Hase wiegt bei der Geburt mehr als das Kaninchen. Er nimmt in den 5 Wochen nach der Geburt sehr stark an Masse zu, besonders zwischen dem 14. und 28. Tag. Er wiegt nach 5 Wochen etwa 1 kg und damit fast siebenmal so viel wie bei Geburt. Das Kaninchen nimmt dagegen nach der Geburt nur langsam an Masse zu; nach 5 Wochen hat seine Masse auf 150 g zugenommen und sich damit nur verdreifacht.

Kaninchen sind generell kleiner und leichter als Hasen. Kaninchen sind Nesthocker, nach der Geburt liegen sie zunächst noch blind und nackt im Bau. In den ersten Wochen danach öffnen sie die Augen und bekommen ein Fell, nehmen dabei aber nur relativ wenig an Masse zu. Ihr eigentlicher Wachstumsschub kommt erst später. Hasen sind Nestflüchter, die direkt nach der Geburt schon sehen können und ein Fell haben. Sie beginnen sofort stark zu wachsen und an Masse zuzunehmen.

1.5 Der Rotfuchs

Vorkommen des Rotfuchses	1 Abb. 3
Fortpflanzung des Rotfuchses	Abb. 1
Angepasstheiten in der Ernährung des Rotfuchses	2 Abb. 2,4
Reinecke Fuchs in Tierfabeln	3 Abb. 5,6

1

Füchse ernähren sich sehr vielseitig und passen sich schnell an das Nahrungsangebot an. Sie kommen immer häufiger auch in Großstädten vor, da sie von Essensresten auf Komposthaufen und im Müll angelockt werden. Da Füchse u. a. Krankheitserreger übertragen können, sollte der Verbreitung in den Städten entgegen gewirkt werden, indem die Empfehlungen eingehalten und so das Nahrungsangebot und die Versteckmöglichkeiten in der Stadt eingeschränkt werden. Zudem soll der Kontakt zu Fuchs-Kot durch Abdecken der Sandkästen vermieden werden und gründliches Händewaschen möglichen Infektionen vorbeugen.

2

Je nach Nahrungsangebot ernährt sich der Fuchs von Früchten und kleinen Tieren. Im Frühling sind Feldmäuse, Regenwürmer und Insekten mit geringem Aufwand zu beschaffen. Im Sommer und Herbst kommen Insekten und Früchte hinzu. Im Winter stehen Regenwürmer, Jungwild und Insekten nicht zur Verfügung. Dann wird vor allem die Feldmaus gejagt. Der Fuchs ist sehr vielseitig in seiner Ernährung. In Großstädten kann er sich auch von Abfall ernähren, Abb. 2. Über das Jahr betrachtet, passt sich der Fuchs an die jeweils leicht zugänglichen Nahrungsquellen an. Fleischliche Nahrung hat einen höheren Energieanteil. Die Feldmaus gehört durch das ganze Jahr zu den bevorzugten Nahrungsquellen.

3

a) Der Fuchs schmeichelt dem Raben, sodass er seinen Schnabel öffnet, um auch sein Gesangsvermögen zu zeigen. Dabei lässt er den Käse fallen, auf den der Fuchs gewartet hat. Der Fuchs wird als listig und ein wenig hinterhältig dargestellt. Er nutzt die Schwächen seines Gegenübers aus. Wer eitel ist und gerne Schmeicheleien hört, kann von jemand anderem ausgenutzt werden.
b) Die Abb. 6 vermenschlicht Reinecke, wie das für Tierfabeln typisch ist. Das Leben in einer Familie, Gespräche im Kreis der Familie, gemütliches Beisammensein, Zuneigung der Kinder zu ihren Eltern (und umgekehrt) aber auch Respekt der Kinder vor den Eltern werden ausgedrückt.

M Diagramme erstellen und verstehen

1

Baumart	Anteil	Winkel
Rotbuche	25 %	90°
Eiche	50 %	180°
Birke	10 %	36°
Hainbuche	15 %	54°

2

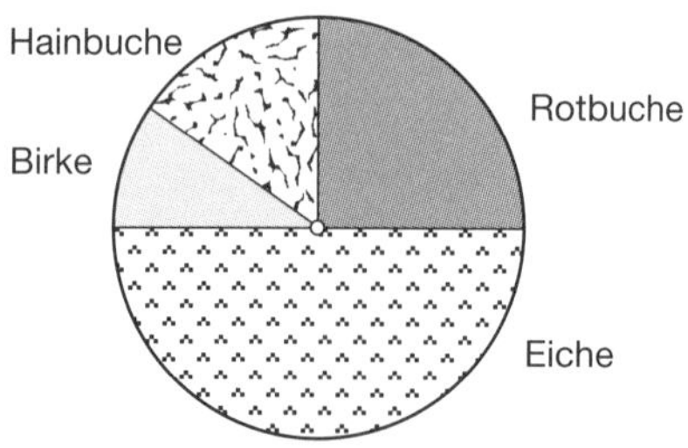

Nutzung	Fläche in %	Fläche in ha
bebaute Flächen	20,01	600,3
Forsten und Holzen	45,26	1357,8
Ackerland	7,2	216
Grünland	10	300
Gartenland	2,99	89,7
Wasserfläche	5	150
Bahnanlage	2,56	76,8
sonstige Flächen	6,98	209,4

3

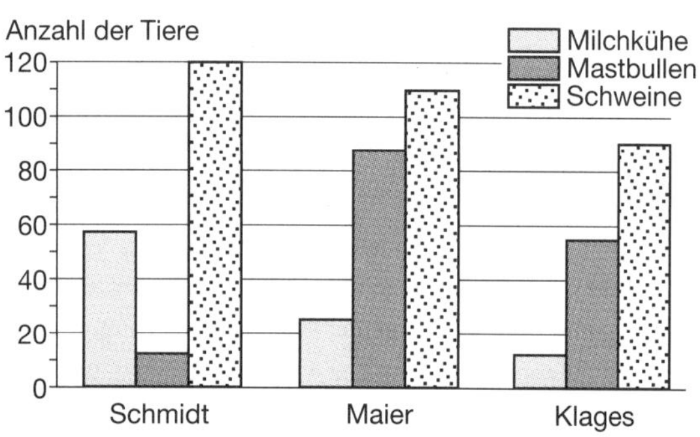

4

a) und **b)**
Im Augustenhof ist der Wildbestand am größten, im Zumwald am kleinsten (am gestapelten Balkendiagramm leicht zu erkennen).
In allen Revieren ist der Anteil an Rehen sehr groß gegenüber dem Anteil anderer Arten (in beiden Diagrammen gut zu erkennen).
Im Zumwald kommen am meisten Hirsche und am meisten Wildschweine vor (besser am nichtgestapelten Balkendiagramm zu erkennen).
Im Grindwald kommen nur sehr wenige Hirsche vor (in beiden Diagrammen gut zu erkennen).

5

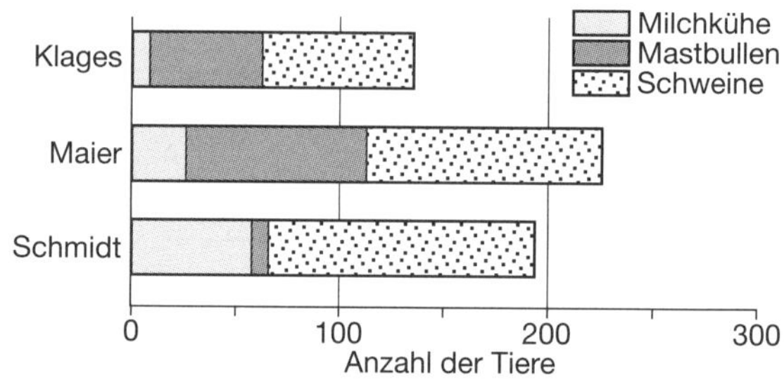

6

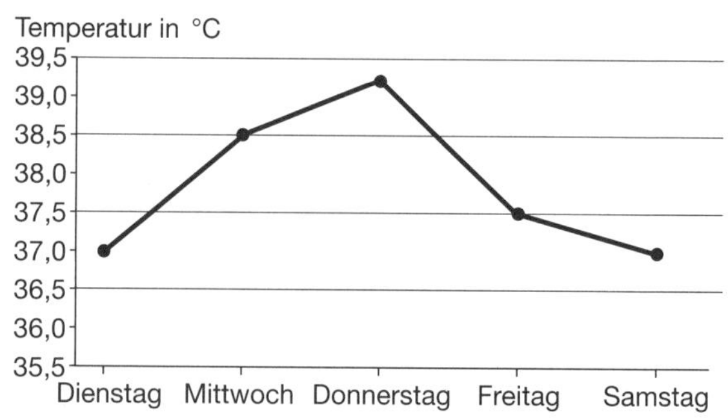

M Kennübung Vögel

1

1. Rotkehlchen	V	10. Elster	N
2. Star	O	11. Haubentaucher	S
3. Kohlmeise	G	12. Blesshuhn	R
4. Ringeltaube	E	13. Zaunkönig	Ä
5. Mäusebussard	L	14. Mauersegler	U
6. Amsel	L	15. Bachstelze	M
7. Blaumeise	E	16. Mehlschwalbe	E
8. Gartenrotschwanz	B	Lösungswort: Vogellebensräume	
9. Buntspecht	E		

1.6 Amseln – Fortpflanzung und Verständigung

Amselrevier	**1** **3** Abb. 1,2,5,7
Fortpflanzungsverhalten und Brutpflege bei Amseln	**2** Abb. 2–4,6

1

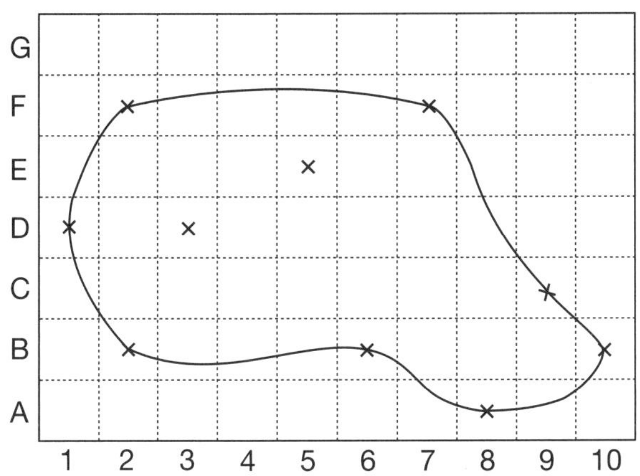

2

Anwendung: Das Anfangsdatum (Beginn des Nestbaus) kann willkürlich im März gewählt werden.
Beispiel:

15. März	21. März	27. März	10. April	24. April	10. Mai
Beginn des Nestbaus	Nest ist fertig gestellt	Gelege ist vollständig	Junge schlüpfen	Junge verlassen das Nest	Junge sind selbstständig

3

Gesang: Die Töne sind sehr unterschiedlich. Sie
- dauern sehr kurz oder bis zu einer knappen Sekunde
- liegen überwiegend in der niedrigen bis mittleren Tonhöhe, selten auch im hohen Tonbereich, Tonhöhe schwankt stark (Zickzack).

Warnruf bei Luftfeind: Die Töne sind sehr gleichförmig. Sie
- dauern jeweils knapp eine Drittel Sekunde und folgen in einem regelmäßigen Abstand von etwa zwei Drittel Sekunden
- liegen im hohen Tonbereich.

Warnruf bei Bodenfeind: Die Töne sind sehr gleichförmig. Sie
- sind sehr kurz, dauern jeweils knapp eine Zehntel Sekunde und folgen in einem regelmäßigen Abstand von etwa vier Zehntel Sekunden
- liegen im niedrigen Tonbereich.

1.7 Federn – ein Kennzeichen der Vögel

Federn als gemeinsames Kennzeichen von Vögeln herausarbeiten	
Federarten unterscheiden	Abb. 1
Aufbau einer Schwungfeder	Abb. 2–4
Bedeutung der Federn für Vögel	1 2 Abb. 5
Federn zum Isolieren	3 4 Abb. 6,7
Eine Schreibfeder herstellen und Schreibversuche damit durchführen	5 Abb. 8

1

Mithilfe der Federn können Vögel fliegen.
Durch die Färbung des Gefieders können sich Vögel untereinander erkennen.
Federn sind wasserabweisend und schützen vor Regen.
Federn dienen zum Auspolstern der Nester.
Federn dienen zur Tarnung.
Federn isolieren gegen Kälte.

2

Eine Feder ist leichter als ein gleich großes Stück Papier.

3

a) 0 °C   b) –20 °C   c) +40 °C   d) +20 °C
Je kälter die Umgebungstemperatur ist, desto stärker ist das Gefieder aufgeplustert.

4

In allen drei Reagenzgläsern nimmt die Temperatur des Wassers ab. Das Wasser im Reagenzglas, das locker mit Federn eingepackt ist, bleibt am längsten warm. Nach 20 Minuten hat es noch eine Temperatur von 24,8 °C. Das Wasser im Reagenzglas, das nicht mit Federn eingepackt ist, kühlt am meisten ab: Die Temperatur des Wassers beträgt nur noch 19,8 °C. Locker gepackte Federn isolieren besser als dicht gepackte Federn. Ohne Isolation kühlt das Wasser schnell ab.

5

–

1.8 Vögel – Wirbeltiere in Leichtbauweise

Bau des Vogelkörpers als Voraussetzung zum Fliegen beschreiben	Abb. 1
Bau der Vogelknochen untersuchen – Vergleich mit technischen Bauwerken	1 Abb. 1–3
Vogelflügel mit Armskelett des Menschen vergleichen	2 Abb. 4
Körpermassen zur Körperlänge in Beziehung setzen und grafisch darstellen	3 Abb. 5

1

a) Der Vogelknochen ist innen hohl und mit mehreren Verstrebungen verstärkt. Es fehlt das Knochenmark. Der Vogelknochen enthält viele Lufträume.

b) Leichtbauweise: Es wird Material und damit auch Gewicht eingespart. Mit geringem Materialeinsatz können große Belastungen ausgehalten werden.

2

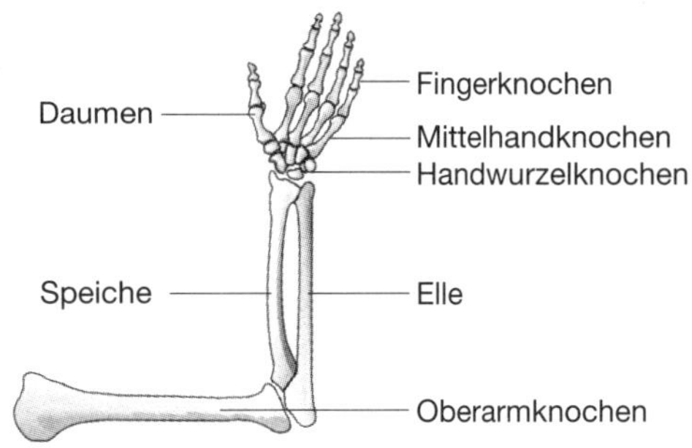

3

a)

	Körperlänge	Masse	
Feldhase Stockente	65 cm 61 cm	4000 g 1200 g	Die Masse des Feldhasens ist etwa dreimal so groß wie die Masse der Stockente.
Wildkaninchen Rabenkrähe	46 cm 48 cm	1800 g 550 g	Die Masse des Wildkaninchens ist etwa dreimal so groß wie die Masse der Rabenkrähe.
Igel Amsel	28 cm 25 cm	700 g 100 g	Die Masse des Igels ist siebenmal so groß wie die Masse der Amsel
Feldmaus Kohlmeise	15 cm 14 cm	30 g 18 g	Die Masse der Feldmaus ist knapp doppelt so groß wie die Masse der Kohlmeise.

Vögel sind leichter als gleich große Säugetiere.

b)

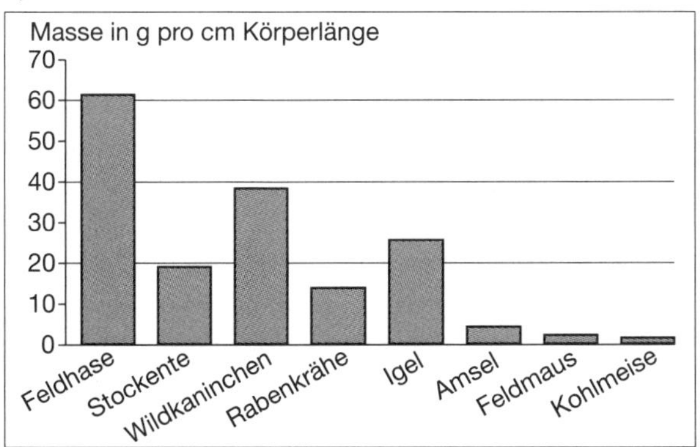

1.9 Die Wespe – ein Insekt

Äußerer Bau der Wespe	Abb. 1,2
Innerer Bau der Wespe	Abb. 2
Vergleich: Insekt – Wirbeltier	1 Abb. 2–4
Atmung und Blutkreislauf der Insekten	2 3 Abb. 5,6

1

	Hund	Wespe
Atmungsorgane	Lunge (Luftröhre, Bronchien)	Tracheen (chitinausgekleidete Röhren, leiten Luft ins Körperinnere)
Verdauungsorgane	Magen, Dünndarm, Dickdarm	Darm, durchzieht schlauchförmig den ganzen Körper
Nervensystem	Gehirn, Rückenmark, Nervenfasern	Gehirn, Bauch-Nervenstrang
Blutkreislauf	geschlossener Blutkreislauf	offener Blutkreislauf
Herz	Herz mit zwei Kammern	schlauchförmiges Herz, offen
Skelett	Innenskelett aus Knochen	Außenskelett aus Chitin
Fortbewegung	vier Beine	sechs Beine, zwei Flügelpaare
Ausscheidung	Niere, Blase, Harnröhre getrennt von Darm, After	Ausscheidungsorgane im Hinterleib, münden gemeinsam mit dem Darm
Geschlechtsorgane	Geschlechtorgane im Hinterleib	Keimdrüsen im Hinterleib

2

a) Die Tracheen beginnen außen seitlich am Körper in den Stigmen. Im Körperinneren verzweigen sie sich baumartig in immer kleiner werdende Röhren und leiten Luft zu allen Organen des Insektenkörpers, die so mit Sauerstoff versorgt werden. Durch die feine Verzweigung der Tracheen muss der Sauerstoff nur noch einen kurzen Weg bis in das Gewebe überwinden und Insekten benötigen daher nicht ihr Blutsystem zum Sauerstofftransport.

b) Die Tracheen beginnen in kleinen Öffnungen im Chitinpanzer, den Stigmen, als große Röhren und verzweigen sich dann in immer kleinere Äste, die dann an den Muskeln und anderen Organen offen enden. Sie sind ringartig verstärkt und ähneln in ihrer Gestalt der Luftröhre und den Bronchien des Menschen. Auch die Luftröhre des Menschen ist ein durch Knorpelringe gefestigter Schlauch, der sich dann in die kleineren Äste der Bronchien verzweigt. In der menschlichen Lunge gelangt so die Luft bis zum Lungengewebe, wo der Sauerstoff der Luft in das Blut aufgenommen und dann im Blutkreislauf im ganzen Körper verteilt wird. Die Trachten durchziehen im Gegenteil dazu den ganzen Körper und versorgen das Gewebe direkt, es ist kein Transport über das Blut notwendig. Die ringförmigen Verstärkungen der Luftröhre und auch der Tracheen verhindert ein Zusammenfallen durch den beim Atmen entstehenden Unterdruck, bzw. bei Insekten während der Luftbewegung durch das Bewegen des Körpers.

c) Beim Staubsaugen wird ein starker Unterdruck aufgebaut, um den Schmutz einzusaugen. Wäre der Staubsaugerschlauch nicht durch Verstärkungsringe verhärtet, so würden seine Wände durch den Unterdruck zusammengedrückt werden und der Schlauch würde sich verschließen (wie im Modellversuch mit dem Strohhalm).

Die gleiche Funktion haben die Verstärkungsringe der Tracheen und der Luftröhre: Auch hier wirkt ein Unterdruck (z. B. wenn beim Einatmen Luft wie bei einem Staubsauger eingesaugt wird) und die Knorpelringe verhindern das Verschließen der Luftröhre bzw. die ringförmigen Verstärkungen das Verengen der Tracheen. Im Gegensatz zu einem starren Rohr mit gleichförmig dicken Wänden bleibt ein Schlauch mit Verdickungsringen trotz seiner Stabilität gegenüber Druck flexibel und beweglich.

3

Beim Einsaugen der Luft aus dem Strohhalm mit kleiner Öffnung werden die Wände zusammengedrückt und er verschließt sich. Die Wände von Luftröhre, Bronchien und Tracheen sind durch Verstärkungsringe gestützt, die ein solches Verschließen bei Unterdruck verhindern und trotzdem Flexibilität und Biegung ermöglichen (Vergleich mit Staubsaugerschlauch möglich).

1.10 Fortbewegung von Insekten

Bildbetrachtung		Abb. 1–3
Gute Flieger bei den Insekten		
Wiederholung: Flug bei Vögeln, Muskulatur		
Arbeit der Flugmuskulatur bei Insekten	1	Abb. 5
Vergleich der Bewegung der Gliedmaßen bei Mensch und Insekt	3	Abb. 7
Beispiele für Insekten, die nicht fliegen	4	Abb. 4,8
Das Gliederbein und seine Variationen	4	Abb. 4,8
Hausaufgabe	2	Abb. 6

1

a) Senkrecht verlaufende Muskeln („Heber“) führen zur Abflachung des Körpers, die Rückenplatte drückt die Flügel nach oben. Längs im Körper verlaufende Muskeln („Senker“) führen zur Verkürzung des Körpers, was die Rückenplatte nach oben wölbt, wodurch sich die Flügel wieder senken.

b) Da sich ein Muskel nur kontrahieren kann, müssen zwei Muskeln zusammenarbeiten, damit eine Bewegung in zwei Richtungen stattfinden kann. Der Begriff Gegenspieler kommt daher, dass die Muskeln versetzt arbeiten: Wenn sich ein Muskel zusammenzieht, erschlafft der andere und umgekehrt. Man könnte auch argumentieren, dass die beiden Muskeln genau gegensätzliche Effekte bewirken (Heber und Senker).

2

Wenn der Deckel nach unten gedrückt wird, bewegen sich die Köchlöffel nach oben. (Anmerkung: Man braucht bei diesem Versuch etwas Übung, damit die Löffel nicht seitlich herausfallen.)

Vergleichbare Elemente des Modellversuchs mit dem Insekt:

Deckel → Rückenplatte
Topf → Brustpanzer
Hand → Muskeln (hier außerhalb)
Kochlöffel → Flügel

3

	Oberarm des Menschen	**Insektenbein**
Gemeinsamkeiten	In beiden Fällen wird die Bewegung von zwei Gegenspielern gesteuert.	
	In beiden Fällen befinden sich die Muskeln im körpernahen Abschnitt.	
	Der Beuger ist jeweils an der Innenseite, der Strecker jeweils an der Außenseite fixiert.	
Unterschiede	Muskeln sind über Sehnen am Knochen fixiert; Knochen liegen innerhalb des Körpers.	Fixierung am Chitinpanzer; Chitinpanzer ist ein Außenskelett.

4

Die Teilaufgaben lassen sich gut zusammen beantworten:

Bein	**Beobachtungen**	**Tier**	**Buchstabe**
Fangbein	gegeneinander gerichtete Zacken an Schiene und Fuß	Gottesanbeterin	b
Grabbein	Schenkelring seitlich als Taster; Bein wird steifer; Fuß verkümmert; die übrigen Teile muskulös verdickt	Maulwurfsgrille	c
Sprungbein	einhakbares Gelenk zwischen Schiene und Fuß	Heuschrecke	e
Klammerbein	Fuß und Taster zur Klammer ausgebildet, Schiene muskulös verdickt	Laus	d
Putzbein	Kamm an der Schiene	Biene	a

1.11 Vergleich von Wirbeltieren und Insekten

–

2 Blütenpflanzen

2.1 Bau von Blütenpflanzen

Erscheinungsformen von Blütenpflanzen	Abb. 1
Organe von Blütenpflanzen	1 Abb. 1
Überwinterung von Blütenpflanzen	2 Abb. 1
Holzpflanzen, Kräuter, Stauden	2 Abb. 1

1

Organ	**Funktion**
Wurzel	Verankerung im Boden, Wasser- und Mineralsalzaufnahme
Sprossachse	Leitung von Wasser
Laubblätter	Aufbau von Traubenzucker mithilfe von Licht (Fotosynthese)
Blüte	Fortpflanzung

2

a) und **b)**

Kiefer	Holzpflanze, Baum	verholzte Sprossachse (Stamm)	überwintert, immergrün, kann sehr alt werden
Sonnenblume	Kraut	nicht verholzte Sprossachse, einjährig	einjährig, bildet Samen, die im nächsten Frühjahr auskeimen
Eiche	Holzpflanze, Baum	verholzte Sprossachse (Stamm)	überwintert ohne Blätter, kann sehr alt werden
Knäuelgras	Staude	nicht verholzte Sprossachse, mehrjährig	mehrjährig, überwintert als widerstandsfähige Rosette
Löwenzahn	Staude	nicht verholzte Sprossachse, mehrjährig	mehrjährig, überwintert mit unterirdischem Speicherorgan (Rhizom)
Heckenrose	Holzpflanze, Strauch	verholzte Sprossachse (Verzweigung direkt über dem Boden)	überwintert ohne Blätter, kann sehr alt werden
Krokus	Staude	nicht verholzte Sprossachse, mehrjährig	mehrjährig, überwintert mit unterirdischem Speicherorgan (Zwiebel)
Klatschmohn	Kraut	nicht verholzte Sprossachse, einjährig	einjährig, bildet Samen, die im nächsten Frühjahr auskeimen
Himbeere	Holzpflanze, Strauch	verholzte Sprossachse (Verzweigung direkt über dem Boden)	überwintert ohne Blätter, kann sehr alt werden

3

–

4

–

2.2 Die Wurzel

Die Aufgaben der Wurzel	Unterrichtsgespräch
Mikroskopie der Kressewurzeln (vorher ansetzen)	**2** Abb. 3
Vergleich des Bilds im Mikroskop mit einer Schemazeichnung	Abb. 1
Erstellung einer beschrifteten Schemazeichnung	
Welche Wirkung haben die Wurzelhaare?	**1** Abb. 2
Statische Aufgaben der Wurzel	**3** **4** Abb. 4

1

a) a + b haben die gleiche Oberfläche von 66 cm^2
c: 48 cm^2
d: 52 cm^2
a und b haben die größte Oberfläche, c die Kleinste
b) Je kompakter ein Körper ist, desto Kleiner ist seine Oberfläche. Je ausgestreckter oder verzweigter er ist, desto größer ist seine Oberfläche.
c) Die starke Verzweigung der Wurzel über die Wurzelhaare schafft eine große Oberfläche mit wenig Material.

2

Die Wurzel könnte sich im Boden nach 3 Dingen orientieren: Schwerkraft, zunehmende Feuchtigkeit, abnehmende Lichtstärke.

Schwerkraft:
Versuch wie in 2 ansetzen, wachsen lassen und dann Objektträger umdrehen.
(klassischer Versuch im Klinostaten: Schwerkraft wirkt ständig von einer anderen Seite
Zentrifuge: Schwerkraft wird durch Zentripetalbeschleunigung überdeckt
ideal wäre: Versuch im schwerelosen Zustand, z.B. Space-Shuttle)
Feuchtigkeit:
Versuch so ansetzen, dass die Feuchtigkeit nach oben größer wird (feuchte Kammer, oben benetzen, unten mit Löchern).
Licht:
gleicher Versuch, von unten beleuchten, nach oben abdunkeln

3

a) Die Wurzeln der Kiefer sind relativ stämmig und leicht verzweigt, wobei die Seitenwurzeln fast parallel zur Hauptwurzel senkrecht nach unten laufen. Dadurch wird eine große Wurzeltiefe erreicht. Der Hauptteil der Wurzeln liegt in sehr tiefem Boden.
Bei der Fichte verlaufen die Wurzeln parallel zur Bodenoberfläche. Sie breiten sich weit zu den Seiten hin aus. Nur kleine und kurze Verzweigungen wachsen senkrecht nach unten in die tieferen Bodenschichten. Der Hauptteil der Wurzeln befindet sich damit in den oberen Bodenschichten oder knapp darunter.
b) Durch die große Tiefe und die kräftigen Wurzeln ist die Kiefer sehr stark im festen Unterboden verankert. Damit ist der Stamm die schwächere Stelle und bricht. Die Wurzeln der Fichte liegen nur in relativ lockerem oberen Boden und sind zudem relativ dünn. Damit liegt hier die Schwachstelle im Boden. Der Stamm hält stand und der ganze Baum wird mit seinen Wurzeln aus dem Boden gerissen und umgeworfen.

4

a) Nach einem Tag kann man eine kleine Wurzel erkennen. Nach zwei Tagen sind die Keimlinge bereits einige Millimeter hoch. Der grüne Keimling wächst senkrecht frei nach oben, die Wurzel bleibt fest am Filterpapier und hält den Keimling fest.

b) Zeichnung Wurzelhaar
Beobachtung: Die Wurzelhaare beginnen ein paar Millimeter hinter der fast farblosen Wurzelspitze. Sie sind etwa 1 mm lang und leicht gelblich. Die Zone, an der die Wurzelhaare sehr dicht wachsen, ist etwa 1 cm lang, bei älteren Pflanzen länger, dann werden die Haare spärlicher.

2.3 Die Sprossachse

Ansetzen des Versuchs zur Wasserleitung in der Sprossachse	1 Abb. 2
Welche Begriffe gibt es im Alltag für die Sprossachse?	
Auswertung des Versuchs vom Stundenanfang Überlegungen zur Leitungsgeschwindigkeit	1
Stabilität der Sprossachse	2 Abb. 1,3
Verholzte Sprossachsen: Stamm, Entstehung der Jahresringe	3 Abb. 4

1

Der Stängel des fleißigen Lieschens wird in ein Gefäß mit Wasser gestellt, das zuvor mit einigen Tropfen roter Tinte angefärbt wurde. Die Aufnahme und Fortleitung des Wassers durch den Spross kann nun in der folgenden Zeit beobachtet werden.
Zur Bestimmung der Leitungsgeschwindigkeit im Stängel wird die Zeit gestoppt und der in dieser Zeit angefärbte Abschnitt des Stängels gemessen (= Weg). Die Leitungsgeschwindigkeit wird berechnet durch die Formel *Geschwindigkeit = Weg / Zeit.*

2

a) Zug: Auseinanderziehen in entgegengesetzte Richtung, Verlängerung des Materials
Biegung: Abbiegen des Materials in eine Richtung, Länge verändert sich nicht
Druck: Zusammendrücken des Materials von außen nach innen, Verkürzung / Verdickung
Scherung: Seitliches Auseinanderziehen, asymmetrisch, Form wird verzogen
b)
–

3

Alter der Fichte: 17 Jahre
Lebensjahre, in denen die Bedingungen günstig waren (breite Jahresringe): Jahre 2–6, 9, 11, 14–16
Lebensjahre, in denen die Bedingungen schlecht waren (schmale Jahresringe): Jahre 7, 8, 10, 12, 13, 17

2.4 Das Laubblatt

Wasserleitung im Blatt	1 2	Abb. 1,3
Aufbau von energiereichen Nährstoffen (Photosynthese)	3	Abb. 1
Transpiration über die Spaltöffnungen	4	Abb. 2,4

1

–

2

–

3

a) Blätter sind meistens sehr dünn, haben aber eine große Oberfläche. Dieser Bau von Blättern begünstigt es, Licht einzufangen.
b) Durch die große Oberfläche der vielen Blätter kann viel Licht eingefangen werden und es können mit dessen Hilfe energiereiche Stoffe hergestellt werden.
c) z.B. Zimmerpflanzen auf der Fensterbank

4

Vermutungen: Das Gefäß mit dem belaubten Zweig wird nach einiger Zeit die geringste Wassermenge haben. Über die Blätter wird Wasserdampf abgegeben. Zwischen dem Gefäß ohne Zweig und dem mit einem unbelaubten Zweig wird es bezüglich der Wassermenge keine Unterschiede geben. Der unbelaubte Zweig ist durch die Epidermis Wasserundurchlässig. Der Wasserspiegel in diesen beiden Gefäßen wird nicht (kaum) sinken, da die Verdunstung des Wassers an der Wasseroberfläche durch die Ölschicht verhindert wird.
Anmerkung: Die Vermutungen werden durch den Versuch bestätitg.

2.5 Blüten und ihr Aufbau

Aufbau einer (Kirsch-)Blüte	1	Abb. 1,2
Funktion der Blütenteile Samenpflanzen, geschlechtliche Fortpflanzung	2	Abb. 1,2
Vergleich verschiedener Blüten	3	Abb. 3
Verteilung männlicher und weiblicher Blüten	4	Abb. 4

1

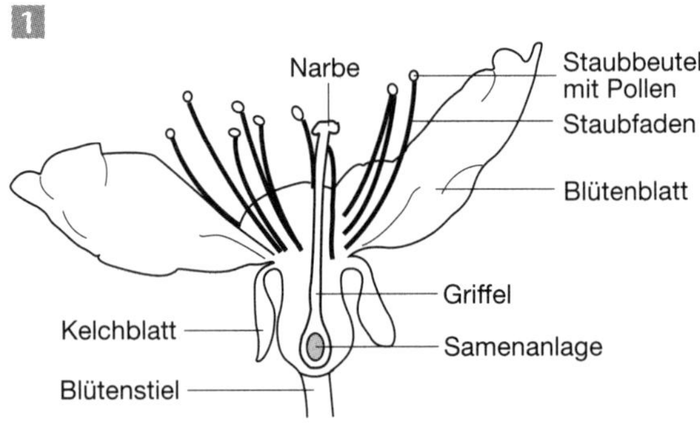

2

Blütenteil	Aufgabe
Blütenstiel	trägt die Blüte
Blütenboden	bildet die Unterlage für die Blütenteile
Kelchblätter	schützen vor dem Aufblühen die inneren Blütenteile
Kronblätter	locken Insekten an
Nektardrüsen	bilden Nektar als Nahrung für Insekten
Staubblätter	enthalten Blütenstaub/Pollenkörner
Fruchtblätter (Stempel)	besteht aus Narbe, Griffel und Fruchtknoten, enthält die Samenanlage
Samenanlage	enthält die Eizelle, nach der Befruchtung entwickelt sich hier der Samen

3

	Raps	Hahnenfuß	Taubnessel
Anzahl der Kronblätter	4	5	5 (verwachsen, nicht deutlich sichtbar)
Anordnung der Kronblätter	gleichmäßig im Kreis	gleichmäßig im Kreis	ungleichmäßig
Anzahl der Staubblätter	wenige	sehr viele	wenige
Blütenfarbe	gelb	gelb	weiß
Fruchtblätter	großes F.	kleines F.	langes, dünnes F.

4

a) Zwittrige Blüte: eine Blüte enthält Frucht- und Staubblätter.
b) Jede Pflanze hat entweder männliche Blüten mit Staubblättern oder weibliche Blüten mit Fruchtblättern.
c) An einer Pflanze kommen männliche und weibliche Blüten vor, aber getrennt: eine Blüte enthält nur Staubblätter, eine andere nur Fruchtblätter.

2.6 Bestäubung, Befruchtung, Samenbildung

Von der (Kirsch-)Blüte zur (Kirsch-)Frucht	**1**	Abb. 1,2
Vergleich: wind- und insektenblütige Pflanzen	**2**	Abb. 3
Bestäubung durch Bienen und Ernteerfolg	**3**	Abb. 4

1

Aufblühen der Kirschblüte
↓
Insekten werden angelockt
↓
Bestäubung der Blüte mit Pollen eines anderen Baums
↓
Pollenkorn keimt auf der Narbe: Pollenschlauch wächst zur Samenanlage
↓
Spermazellen gelangen zur Eizelle und sie verschmelzen (Befruchtung)
↓
Samen wächst und in ihm der Embryo
↓
reifer Samen in reifer Kirsche

2

	windblütige Pflanzen	**insektenblütige Pflanzen**
Blüten-gestalt	unscheinbar, nicht farbig, ohne Nektardrüsen	auffällig, farbig, oft gemustert, duften, mit Nektardrüsen
Pollen	nicht klebrig, glatte Oberfläche, Millionen von Pollen pro Blüte	klebrig, ca. 6000 Pollenkörner pro Blüte
Fruchtblatt	große Narbe	kleiner

3

Der Ernteerfolg hängt von vielen Einflüssen ab:
- Mineralsalze und Wasser müssen im Boden vorhanden sein.
- Es muss genug Licht die Pflanze erreichen.
- Witterung (Kälte, Spätfrost, Hagel) kann den Blüten schaden.
- Es müssen günstige Bedingungen für Bienenflug herrschen (Witterung), damit diese die Kirschbäume bestäuben.
- Andere Kirschbäume müssen gleichzeitig in der Nähe blühen (Fremdbestäubung).
- Schadinsekten, z. B. Kirschfruchtfliegen, können der Kirschernte schaden.

2.7 Von der Blüte zur Frucht

Fruchtbildung an Beispielen (Apfel, Erbsen)	1	Abb. 1–3
Verschiedene Früchte und Fruchtformen	3	Abb. 5
Früchte und Samen zur Ernährung des Menschen	2	Abb. 4
Exkurs Bionik: Verpackung in der Natur – Verpackung in der Technik; Bsp. Banane	4	Abb. 6

1

2

z.B. Weizen, Roggen, Hirse, Mais, Tomate, Erbse, Apfel, Paprika, Olivenbaum, Haselnuss, Sonnenblumen

3

a)

1 Haselnuss	Nuss	b
2 Stachelbeere	Beere	c
3 Erdbeere	Sammel-Nussfrucht	e
4 Pfirsich	Steinfrucht	d
5 Himbeere	Sammel-Steinfrucht	a

b)

Gurke – Beere
Pflaume – Steinfrucht
Eichel – Nuss
Brombeere – Sammel-Steinfrucht
Hagebutte – Sammel-Nussfrucht
Buchecker – Nuss
Banane – Beere
Kiwi – Beere

c) Die Walnuss ist am Baum hängend von einer feuchten, grünen Fruchtschicht umgeben. Sie ist also nur ein Teil der Frucht. Biologische ‚Nüsse' haben eine durchgehend harte Schale.

4

Bananen-Verpackung	Pralinenschachtel
stabil, fest, mit Inhalt verbunden	mehr oder weniger fest, Inhalt ist lose
Sollbruchstelle, an der sie leicht zu öffnen ist	auch Öffnungsstellen
mechanischer und chemischer Schutz	mechanischer und chemischer Schutz
gut getarnt, wenn unreif; reif: gelb zur Anlockung von Tieren	auffällig gestaltet zum Anlocken von Käufern
vollständig biologisch abbaubar	meist nicht biologisch abbaubar

M Bewerten am Beispiel verschiedener Apfelsorten

1

a) z.B. Braeburn, Boskop, Elstar. Begründung:
- Bei diesen drei Sorten werden keine Pestizide beim Anbau eingesetzt.
- Mit Boskop steht eine günstige Apfelsorte zur Auswahl.
- Die verschiedenen Sorten decken unterschiedliche Geschmacksrichtungen ab (süßlich, süßsäuerlich, feinsäuerlich).
- Keine der Sorten wird außerhalb Europas angebaut, sodass keine unnötig langen Transportwege entstehen (CO_2-Freisetzung), Boskop und Elstar stammen sogar aus der Region.

b) –

c) Es gibt verschiedene Meinungen zur Priorität der verschiedenen Entscheidungskriterien (z.B. Preis, Vitamingehalt oder Geschmack). Es können Argumente gesammelt werden, warum welchen Kriterien beim Verkauf von Äpfeln an der Schule eine hohe Bedeutung eingeräumt werden sollte. Durch Abstimmung kann eine „Durchschnittsmeinung“ ermittelt werden, die evtl. auch der der Schülerschaft der Schule entspricht.

2.8 Ausbreitung von Samen und Früchten

Angepasstheiten an Wind-, Wasser- und Tierverbreitung	1 Abb. 1–3,5
Die Frucht des (Berg-)Ahorns (exemplarisch)	2 3 Abb. 3,4
Samenausbreitung mit den Schuhen	

1

a) Große Klette: Verbreitung durch Tiere
- Kletthaken, die sich im Fell vorbeistreifender Tiere festhaken

Ahorn: Verbreitung durch Wind
- Flugeinrichtung: Propellerartige Flügel mindern Sinkgeschwindigkeit im Herunterfallen, Frucht fliegt dadurch weit

Froschlöffel: Verbreitung durch Wasser
- Luftgewebe: Frucht schwimmt dadurch auf dem Wasser und wird weitergetragen

b) Die Frucht des Froschlöffels ist leicht und hat Luftgewebe, das den luftgefüllten Hohlräumen im Styropor ähnelt. Durch diesen Aufbau kann die Frucht des Froschlöffels wie Styropor auf dem Wasser schwimmen.

2

Fallgeschwindigkeit: durchschnittlich 1,82 cm pro 1/50 Sek.; d.h. 91 cm/Sek.

3

–

4

Schmutz von Schuhsohlen auf feuchtem Filterpapier auskeimen lassen.

2.9 Keimung und Wachstum

Keimung von Bohnen	**1** **2** Abb. 2

Vergleich: Keimung bei Gartenbohne und Mais	**3** Abb. 1,2

Keimung von Bohnen	**1** **2** Abb. 2

Vergleich: Keimung bei Gartenbohne und Mais	**3** Abb. 1,2

1 –

2 –

3

Mais	Bohne
Keimwurzel und Keimstängel brechen gleichzeitig durch die Samenschale	zuerst wächst die Keimwurzel aus, sucht sich den Weg nach unten und verzweigt sich
Samenschale verbleibt in der Erde	Samenschale wird mit dem Keimstängel aus der Erde gehoben und fällt dann ab
erste grüne Blätter werden ausgebildet	erste grüne Blätter werden ausgebildet
Wurzel stark verzweigt	eine Hauptwurzel mit Seitenverästelungen

4

Verschiedene Pflanzen haben verschiedene Mindestkeimtemperaturen, unterhalb dieser Grenze können sie nicht keimen. Wenn diese Mindesttemperatur überschritten ist, kommt es zur Keimung, allerdings ist die Zeit, die zwischen der Aussaat und der erfolgreichen Keimung vergeht, bei den verschiedenen Pflanzen unterschiedlich und sie ist abhängig von der Bodentemperatur: Je wärmer der Boden ist, umso schneller erfolgt die Keimung.
Die Tomate ist im Vergleich zur Gartenkresse im Hinblick auf die Keimung sehr wärmebedürftig.

M Versuche durchführen

1

Umwelteinfluss	**Schale 1**	**2**	**3**	**4**	**5**	**6**
Wasser	+	-	+	+	+	+
Licht	+	+	-	+	+	+
Luft	+	+	+	-	+	+
Wärme	+	+	+	+	-	+
Erde	+	+	+	+	+	-
Keimung	+	-	+	-	-	+

a)
Aus dem Versuchsergebnis kann man schließen, dass Wasser, Luft und Wärme für die Keimung erforderlich sind.
In den Schalen 2–6 fehlt jeweils ein Einfluss im Vergleich zur Schale 1, die allen Einflüssen ausgesetzt ist, und in der es zur Keimung kommt. In den Schalen 2, 4 und 5 bleibt die Keimung aus, woraus geschlossen werden kann, dass der jeweils fehlende Einfluss zur Keimung notwendig ist (Wasser, Luft, Wärme). Die in den Schalen 3 und 6 fehlenden Einflüsse (Licht und Erde) sind offensichtlich für die Keimung nicht notwendig.

b) Die Kresse in Schale 1 wird auch in den weiteren Wochen gut weiter wachsen. Die Kresse in Schale 3 wird nicht mehr weiter wachsen können, da ihr Licht fehlt, um mithilfe von Fotosynthese energiereiche Nährstoffe aufzubauen, die sie zum Leben braucht. Anfangs ist dies noch nicht erforderlich, da im Samen die notwendigen Nährstoffe für die Keimung und das erste Wachstum gespeichert sind. Auch die Kresse in Schale 6 wird nicht weiter wachsen, da hier Erde fehlt, die Nährsalze enthält. Auch hier sind die notwenigen Stoffe für die Keimung noch im Samen enthalten und erst nach einiger Zeit aufgebraucht. Für das weitere Wachstum der Kresse sind also neben den oben genannten Faktoren auch Erde und Licht notwendig.

2.10 Blütenpflanzen ungeschlechtlich vermehren

Verschiedene Formen ungeschlechtlicher Fortpflanzung (u.a. Ausläufer, Stecklinge, Sprossknollen bei Kartoffeln	1 2 Abb. 1–3
Vorteile ungeschlechtlicher Fortpflanzung für Pflanzenzüchter und Gärtner	
Das Ausläufer-Spiel	3 Abb. 4

1

–

2

Die ungeschlechtliche Fortpflanzung bei der Kartoffelpflanze führt schneller als die geschlechtliche Fortpflanzung zur Bildung neuer Kartoffeln und ist daher vorteilhaft für den Anbau der Kartoffel als Nahrungsmittel.

3

Entsprechungen: Unterschiedliche Pflanzen werden mit verschiedenen Farben dargestellt; Ansatzstelle der Ausläufer entspricht einem Kreuz mit Kreis; die Anzahl der Felder in einer Farbe entspricht der Fläche, die eine Pflanze mit ihren Ausläufern einnimmt.

3 Nutztiere und Nutzpflanzen

3.1 Hunde sind beliebte Haustiere

Ansprüche an Haltung und Pflege	(1) 2 3 Abb. 1,3–5

Verhalten: Hund – Wolf	4

Hunde als Helfer des Menschen (Merkmale und Eigenschaften)	5

1

In diesem Steckbrief könnten Name und Geschlecht des Hundes, seine Rasse, Körpergröße, Fellfärbung und besondere körperliche Merkmale sowie Grundzüge des Verhaltens gegenüber Menschen (verspielt, temperamentvoll, ruhig, wachsam, ...) eine Rolle spielen.

2

- Die Familie muss genug Zeit zum Ausführen und Pflegen des Hundes haben.
- Der Hund braucht viel Auslauf, die Wohnung sollte groß sein und möglichst mit Garten.
- Es muss klar sein, wer für den Hund während des Urlaubs sorgt.
- Die Haltung eines großen Hundes erfordert viel Geld. (Die Kosten für den Schäferhund liegen wahrscheinlich zwischen denen für Bernhardiner und denen für Kleine Münsterländer, ca. 1300 € pro Jahr)
- Alle Familienmitglieder müssen den Hund mögen und Geduld mit ihm aufbringen, z.B. bei der Erziehung. Keiner darf ihm Schmerzen zufügen.

3

a) Wenn die Tiere in den Ferien in ein Tierheim gegeben werden:
Bernhardiner: 1560 € pro Jahr
Kl. Münsterländer: 1065 € pro Jahr
Yorkshireterrier: 803 € pro Jahr
b) Wenn die Tiere in den Ferien nicht in ein Tierheim gegeben werden:
Bernhardiner: 1185 € pro Jahr
Kl. Münsterländer: 725 € pro Jahr
Yorkshireterrier: 503 € pro Jahr

4

a) Wird der Hund gestreichelt, dreht er sich auf den Rücken. Diese Verhaltensweise zeigen auch Wölfe gegenüber ranghöheren Tieren. Sie signalisieren damit Unterwürfigkeit.
b) Betritt der Briefträger das Grundstück, stürmt der Hund bellend auf ihn zu. Der Hund betrachtet das Grundstück als Revier, das er verteidigt. Auch Wölfe verteidigen ihr Revier.
c) Der Hund schüttelt den Kopf und zerfetzt die Zeitung. Wölfe töten ihre Beute manchmal durch „Totschütteln".
d) Der Hund wurde ausgeschimpft. Seine Körperhaltung signalisiert Demut.
e) Der Hund uriniert, z.B. an Bäume. Auch Wölfe kennzeichnen so ihr Revier.

5

Jagdhund	Jagdfreudigkeit, Schnelligkeit, Ausdauer
Schoßhund	Anhänglichkeit, Treue, Schönheit
Polizeihund	Aufmerksamkeit, Stärke, Gehorsam
Wachhund	Wachsamkeit, Beschützer-Trieb
Spürhund	guter Geruchssinn, Aufmerksamkeit
Schäferhund	Hütetrieb (Rudel zusammenhalten wollen)
Windhund	Schnelligkeit, Leichtigkeit, Ausdauer
Schlittenhund	Ausdauer, Stärke, Kälteresistenz
Blindenhund	guter Geruchs- und Orientierungssinn, Aufmerksamkeit, Verlässlichkeit, Gehorsam
Lawinensuchhund	guter Geruchssinn, Ausdauer

3.2 Fortpflanzung und Ernährung des Hundes

Fortpflanzung und Entwicklung beim Hund	4 Abb. 1,2, Methode
Ähnlichkeiten und Unterschiede bei den Nachkommen	1 Abb. 1
Säugetiere, Bedeutung des Säugens	3 Abb. 1,4(6)
Angepasstheiten: Vergleich von Fleisch- und Pflanzenfressergebiss	2 Abb. 3

1

- ähnliche Gestalt , Körpergröße, Fellstruktur, gleiches Verhalten
- unterschiedliche Fellmusterung und Fellfarbe, kleine Unterschiede in der Körpermasse

2

Hundegebiss: scharfe Backenzähne zum Abtrennen des Fleisches mit scherenartig zusammenwirkenden Reißzähnen, dolchartiger Eckzahn zum Greifen, Festhalten und Töten der Beute, scharfe Schneidezähne zum Abnagen des Fleisches vom Knochen

Pferdegebiss: glatte Schneidezähne (zum Festhalten und Abreißen von Gras), zwei Eckzähne, Backenzähne mit großer Kaufläche, mit denen das harte Gras zermahlt wird

Der Hund hat ein Fleischfressergebiss, das Pferd ein Pflanzenfressergebiss.

3

Hunde können nach der Geburt weder sehen noch hören. Auch haben sie noch keine Zähne und sie können noch nicht laufen. Sie sind also hilflos, können noch nicht Jagen gehen und auch vorgesetztes Fleisch noch nicht zerkauen. Sie sind auf die Versorgung durch die Mutter angewiesen. Die Muttermilch enthält alle wichtigen Nährstoffe, sodass die Welpen an Masse zunehmen, wachsen und kräftiger werden. Außerdem enthält sie Stoffe, die die Welpen in den ersten Tagen vor Krankheitserregern schützen.

4

Die Kurve stellt den Zusammenhang zwischen der Masse eines Bernhardiners (in kg) und seinem Alter (in Monaten) dar. Die Kurve hat einen leicht S-förmigen Verlauf: zunächst steigt sie nur leicht, dann zunehmend stärker an und flacht dann wieder ab. Diese Kurvenform zeigt, dass die Masse des Bernhardiners in den ersten Monaten zunächst langsam zunimmt, im Alter von ca. 2,5 – 6 Monaten dann ein Wachstumsschub erfolgt, während dessen die Masse sehr stark zunimmt und anschließend das Wachstum wieder abnimmt bis der Bernhardiner mit ca. 15 Monaten fast ausgewachsen ist. Veränderungen der Masse des Bernhardiners nach den ersten 1,5 Jahren sind in der Kurve nichts dargestellt; es ist zu vermuten, dass der Bernhardiner mit 1,5 Jahren ausgewachsen ist und danach seine Masse nur noch leicht variiert.

3.3 Hundezüchtung und Hunderassen

Der Wolf, Vorfahr der Hunde	2	Abb. 1,3
Hundezüchtung und Hunderassen	2	Abb. 2,3
Rücksichtslose Züchtung/Tierschutz	3	Abb. 4,5

1

a) verschiedene Ordnungsmöglichkeiten, z. B.
- nach Größe
- nach Fellfarbe, langem oder kurzem Fell
- nach Bedeutung für den Menschen, z. B. Jagd-, Wach- und Hütehunde
- nach Ohrenform: stehend oder hängend

b) Husky: stark, nicht kälteempfindlich, als Schlittenhund geeignet
Irischer Setter: starker Jagdtrieb, als Jagdhund geeignet
Pudel: lockiges Fell, gut frisierbar, als Haus-/Schoßhund geeignet
Sloughi (Windhund): leicht, groß, schnell, für Hunderennen geeignet
Englische Bulldogge: kräftig, massiger Körper, mutig, als Wach-/Kampfhund geeignet
Deutscher Schäferhund: aufmerksam, starker Trieb, das Rudel zu bewachen und zu verteidigen, als Wachhund geeignet
Yorkshireterrier: klein, handlich, langes Fell, als Haus-/Schoßhund geeignet
Bernhardiner: groß, stark, starker Trieb, das Rudel zusammen zu halten, guter Geruchssinn, als Hütehund und Lawinensuchhund geeignet

c) Aus den verschiedenen Welpen eines Wurfs werden solche mit den gewünschten Eigenschaften ausgewählt, beim Irischen Setter solche, die besonders jagdfreudig sind, und zur Zucht weiter verwendet. Auch beim nächsten Wurf werden wieder nur die Hunde, die am meisten den Idealvorstellungen der Züchter entsprechen, weiter zur Zucht verwendet. Im Laufe der Zeit sind so Irische Setter entstanden, die sehr gut für die Jagd geeignet sind.

2

- beide sind Rudeltiere
- akzeptieren Rangordnung
- hören auf das Leittier (für Hund: Mensch)
- markieren ihr Revier
- halten ihr Rudel zusammen und verteidigen es gegen Fremde
- haben eine ähnliche Körpersprache (z. B. Unterwürfigkeit zeigen)
- haben einen guten Geruchssinn
- sind ausdauernde Läufer
- gehören zur gleichen Art: *Canis lupus*

3

Organe sind geschädigt (Schädelknochen bei Zwerghunden), man muss damit rechnen, dass das Tier darunter leidet. Bei Nackthunden fehlt das Fell und die Haut ist dadurch sehr empfindlich; es entstehen Leiden. Gebiss ist so verändert, dass Nahrung nicht mehr in natürlicher Weise gefressen werden kann. Alle diese Merkmale sind bewusst durch Zucht entstanden – laut Tierschutzgesetz (Abb. 4) ist eine solche Zucht verboten. Nur um Menschen zu gefallen, dürfen Tiere nicht so gezüchtet werden, dass Schäden an den Organen oder sogar Schmerzen entstehen.

3.4 Katzen sind Schleichjäger

Die Jagdweise der Katze, Katzen sind Schleichjäger	1	
Katzen haben wie Hunde ein Raubtiergebiss.	4	Abb. 6
Besondere Sinnesleistungen und Besonderheiten des Körperbaus ermöglichen die nächtliche Jagdweise der Katze.	5	Abb. 4,5
Katzen sind Einzelgänger mit starker Bindung an ihr Revier.	2	Abb. 3
Katzenbabys sind Nesthocker.	3	Abb. 1,2

1

a) Katzen jagen alleine. Sie schleichen sich lautlos an ihre Beute an und überwältigen sie dann mit einem schnellen Sprung. Katzen sind Schleichjäger.
Wölfe jagen in Rudeln. Sie hetzen ihre Beute, bis sie erschöpft ist und überwältigen sie dann. Wölfe sind Hetzjäger.
b) Damit Katzen sich lautlos anschleichen können, ist es notwendig, dass sie ihre Krallen einziehen. Sie schleichen dann lautlos auf den weichen Fußballen.

2

Katzen sind Einzelgänger. Sie gewöhnen sich weniger an Menschen als Hunde. Ihre Bindung an das Revier ist häufig stärker als an die Menschen. Das ist im beschriebenen Fall auch so. Ein Hund ist stärker an seine Besitzer gebunden, die sein Rudel darstellen. Er würde nicht zur alten Wohnung zurück laufen.

3

Katzenbabys bezeichnet man als Nesthocker, da sie nach der Geburt zunächst noch blind und völlig hilflos sind und von der Mutter betreut werden müssen.
Beispiele für Nesthocker: Hunde, Kaninchen, Eichhörnchen, Wölfe, (Amsel, Hamster, Maulwurf)
Beispiele für Nestflüchter: Pferde, Feldhasen, Rehe, Hühner, Enten, (Meerschweinchen)

4

Das Gebiss der Katze ist dem Hundegebiss ähnlich. Es hat ausgeprägte Eckzähne und spitze Backenzähne. Die Schneidezähne sind im Vergleich zum Hundegebiss kleiner. Die Katze hat weniger Backenzähne.
Hunde und Katze haben ein typisches Raubtiergebiss.

5

a) In der linken Abbildung sind die Pupillen der Katze weit geöffnet. In der rechten Abbildung sind sie zu schmalen Schlitzen verengt. Das linke Bild zeigt die Katze bei Dunkelheit. Durch die weit geöffneten Pupillen dringt genügend Licht, um auch in der Dämmerung ausreichend sehen zu können.
b)
- Tasthaare verhindern, dass sich die Katze im Dunkeln an Hindernissen verletzt.
- Das ausgezeichnete Gehör erlaubt die Jagd bei völliger Dunkelheit.
- Einziehbare Krallen ermöglichen lautloses Schleichen.

3.5 Verständigung bei Hund und Katze

Wie funktioniert ein Gespräch über Telefon/Handy?	1 Abb. 1
Wie verständigen sich Tiere untereinander? Signale bei Hund und Katze	2 3 Abb. 1,2,4
Probleme bei der Verständigung unterschiedlicher Arten	4 Abb. 3,4

1

Beispiele aus dem Alltag: SMS senden und empfangen; das Signal ist die SMS.
Ein weiteres Beispiel: Mit jemand sprechen; die Sprache ist das Signal.

2

entspannt	Körperhaltung ganz ähnlich
drohend	Beim Hund erhobener Kopf und gestreckter Schwanz, bei der Katze vorgestreckter Kopf, Hinterteil erhoben, Schwanz zeigt nach unten.
Angriff	Beim Hund nach vorn gerichteter Körper, Schwanz nur leicht angehoben. Bei der Katze hoher Buckel und hoch erhobener Schwanz, der hin und her bewegt wird.
Zwiespalt zwischen Furcht und Angriff	Beim Hund gerader Körper, Kopf und Schwanz gesenkt. Vorderbeine nach vorn gestellt. Bei der Katze ist der Vorderkörper gesenkt und der Hinterkörper erhoben. Ohren bei beiden Tieren angelegt
Rückzug	Körper bei beiden Tieren nach rückwärts gerichtet und abgeduckt. Beim Hund ist der Schwanz zwischen die Hinterbeine geklemmt. Ohren bei beiden Tieren angelegt.
totale Unterwerfung	Nur beim Hund. Er liegt auf dem Rücken, der Schwanz zwischen den Hinterbeinen. Die Vorderbeine sind angelegt, die Kehle frei zugänglich.
Freude	Der Schwanz ist bei beiden Tieren erhoben und wird bewegt, bei der Katze aber nur die Schwanzspitze. Beim Hund ist der Kopf erhoben, der Vorderkörper bis zum Boden abgesenkt. Die Katze steht aufrecht mit leichtem Buckel.

3

a) Der obere Hund zeigt eine Drohhaltung, der untere totale Unterwerfung.
Mögliche Entwicklung der Situation: Zwei sich fremde Hunde begegnen sich. Es kommt zum Kampf, um die Rangordnung festzulegen. Der Schwächere erkennt die Überlegenheit des Anderen und zeigt dies durch seine Unterwerfung.
Der Kampf hört auf und die Tiere beginnen zu spielen.
Begründung: Die Rangordnung wurde festgelegt, es gibt keinen weiteren Grund für Auseinandersetzungen.
b) Der überlegene Hund droht. Er sendet diese Information in seiner Körperhaltung. Die Körperhaltung ist das Signal dafür. Der unterlegene Hund erkennt die Information in diesem Signal. Er sendet die Information zurück, dass er sich unterwirft. Das Signal dafür ist seine Körperhaltung.

4

Die Körperhaltung des Hundes drückt Freude aus, wahrscheinlich will er spielen. Die Katze ist im Zwiespalt zwischen Furcht und Angriff.
Wahrscheinlich wird der Hund näher kommen. Ob die Katze zum Angriff übergeht oder sich zurückzieht, ist nicht erkennbar. Beides ist möglich z. B.: a) Die Katze flieht, weil der Hund sehr groß ist. b) Die Katze greift an, weil das Gelände keine Flucht zulässt.

1

–

2

Name des Tieres	Giraffe	Zebra
Merkmal	**Beschreibung**	**Beschreibung**
Kopfform	schmal	groß, vorne rundlich
Augen	groß, seitlich liegend, dunkel	groß, seitlich liegend, dunkel
Ohren	lang und aufgerichtet	spitz, nach oben/vorne gerichtet
Körperbau	schlank, sehr langer Hals, abfallender Rücken	muskulös, gerader Rücken
Fellfarbe	gelb/braun gefleckt	schwarz/weiß gestreift, struppige Mähne
Beine	vier dünne Beine	vier dünne Beine
Füße	Hufe (auf Foto nicht zu sehen)	Hufe

3

Mund	Füße	Arme	Körperbedeckung
Schnauze	Hufe	Flossen	Schuppen
Maul	Zehen	Tentakel	Pelz
Schnabel	Vorderpfote		Borsten
			Panzer
			Fell

4

Kamel: Kopf nach vorne gerichtet, geschwungener Hals, Mähne am Kopf und am Hals, schmale Augen, zwei Rückenhöcker, vier Beine mit paarigen Hufen, Schwanz mit Quaste

Dromedar: Kopf nach vorne gerichtet, geschwungener Hals, kurze Mähne am Hals, schmale Augen, ein Rükkenhöcker, vier Beine mit paarigen Hufen, Schwanz mit Quaste

Unterschiede: Das Kamel hat zwei Rückenhöcker, das Dromedar nur einen. Die Kruppe (hinterer Teil des Rükkens) ist beim Dromedar etwas höher als beim Kamel. Das Kamel hat eine stärkere Mähne, v. a. am Hals, als das Dromedar.

5

Eine Schemazeichnung bietet den Vorteil, dass nur hervorstechende Merkmale gezeichnet werden und Wichtiges deutlich hervorgehoben werden kann.

M Vergleichen

1

- Es sollen die Verhaltensweisen bei der Jagd bei Wölfen und Hauskatzen verglichen werden
- Der Vergleich bezieht sich nur auf Informationen aus Abb. 1 und Abb. 2
- Darstellung als Text / Stichpunkte
- Gemeinsamkeiten der Jagd bei Wölfen und Hauskatzen:
  - sind Raubtiere, fressen unter anderem Säugetiere (Wolf: z.B. Rentiere, Katze: z.B. Maus)
  - bemerken ihre Beute aufgrund ihres guten Gehörs
  - töten die Beute durch einen Biss
- Unterschiede:
  - Wölfe jagen im Rudel, Katzen einzeln.
  - Wölfe jagen vor allem tagsüber, Katzen in der Dämmerung und nachts.
  - Wölfe hetzen ihre Beute, bis sie sie einholen, Katzen schleichen sich lautlos an und warten, bis z.B. die Maus aus ihrem Loch kommt.
  - Wölfe springen die Beute an, Katzen ergreifen Mäuse mit ihren scharfen Krallen und drücken sie nieder.
  - Die Beutetiere der Wölfe sind viel größer als die der Katzen.
  - Mehrere Wölfe jagen und fressen zusammen an einem Beutetier, Katzen jagen und fressen alleine.
- Zusammenfassung: Wölfe sind Hetzjäger, die als Rudel gemeinsam große Tiere erbeuten. Katzen jagen als Einzelgänger, sie schleichen sich an, warten und ergreifen dann kleine Beutetiere.

2

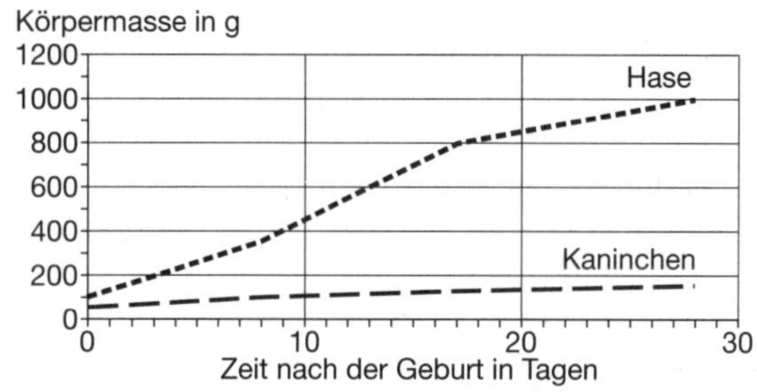

Der Hase nimmt nach der Geburt sehr viel schneller an Masse zu als das Kaninchen. Nach vier Wochen hat sich die Masse des Kaninchens nur verdreifacht, die des Hasens bereits verzehnfacht.

3

a)

	Rotbuche	**Stieleiche**
Blattform	ganzrandig, gestielt	gebuchtet, ungestielt
Frucht	Buchecker	Eichel
Wuchsform	höher als breit, Äste weniger verzweigt und gerader als bei Eiche	Äste stark verzweigt
Borke	glatte, gräuliche Borke	stark gefurchte, braune Borke

b) Weitere Gesichtspunkte für einen Vergleich: Verbreitung/Vorkommen, Zeitpunkt der Blüte/der Fruchtbildung, Wachstumsgeschwindigkeit, Verwandtschaft zu anderen Arten

3.6 Das Rind – unser wichtigstes Nutztier

Rinderhaltung – früher und heute	Abb. 1,2,4
Artgerechte Haltung von Rindern	1 Abb. 4,6
Milchproduktion und Verwertungsmöglichkeiten der Milch	2 3 Abb. 5

1

a) In Boxenlaufställen werden Rinder in größeren Herden gehalten. Den Tieren wird das Futter an der Kraftfutterstation und im Fressgang angeboten, wo mithilfe des Treckers größere Mengen auf Vorrat abgelegt werden. Außerdem gibt es Boxen mit Stroh, in denen sich das Tier hinlegen, sich ausruhen und wiederkäuen kann (Liegeboxen). Das Tier kann frei im Laufgang herumlaufen und entscheiden, welchen Platz es einnimmt.
Im Melkstand werden die Kühe gemolken (zweimal täglich). Die Milch gelangt in den Kühltank und wird von der Molkerei abgeholt. Der Kot und der Harn der Tiere wird aus dem Stall entfernt und in einem Güllesilo zwischengelagert, um dann später auf die Felder ausgebracht zu werden. Die Kälber stehen in Einzelboxen im Kälberstall.
Im Anbindestall sind die Kühe nebeneinander an einer Stelle festgebunden.
Der Boxenlaufstall ist die artgerechtere Haltungsform, da die Tiere sich mehr bewegen und Kontakt zu anderen Tieren aufnehmen können, was ihnen als Herdentiere entgegenkommt.
Im Melkstand kann der Landwirt stehend melken. Dies erhöht die Arbeitsleistung (bis zu 60 bis 70 Kühe in der Stunde) und führt zu deutlich weniger gesundheitlichen Problemen beim Landwirt (z. B. Rücken- und Kniebeschwerden).
Anmerkung: Im Anbindestall geschieht das Melken in gebückter Haltung, mit negativen Folgen für die Arbeitsleistung (20 bis 27 Kühe pro Stunde), aber auch mit negativen Folgen für die Gesundheit des Landwirts.
Die Trennung des Kalbes vom Muttertier (im Boxenlaufstall) erfolgt aus gesundheitlichen Gründen, aber auch weil das Kalb andere Ansprüche an z. B. Temperatur und Luftfeuchte (Klima) stellt.
b) Das Urrind lebte bis ins 17. Jahrhundert in kleineren Herden in freier Wildbahn. Als scheues Fluchttier war es viel in Bewegung. Die Herde bestand aus Tieren beiderlei Geschlechts, wobei sich innerhalb der Herde eine Rangordnung bildete.
Diesem Verhaltensmuster des Urrindes wird der Laufstall am ehesten gerecht. Auch hier können die Tiere sich frei bewegen und Kontakt zu anderen Tieren aufnehmen. Im Anbindestall sind sie fixiert und der Kontakt beschränkt sich während der Stallhaltung auf die jeweiligen Nachbartiere.

2

Milch enthält viel Kalzium und Phosphor. Kalzium und Phosphor sind für den Aufbau von Knochen und Zähnen notwendig und deshalb besonders während des Wachstums wichtig. Auch für die Nerven- und Muskeltätigkeit sowie bei der Blutgerinnung spielt Kalzium eine Rolle. Milch enthält außerdem Eiweiß, das vom Körper besonders gut verwertet werden kann und besonders während des Wachstums benötigt wird.

3

Durch Abtrennung der Sahne von der Rohmilch entsteht entrahmte Milch. Diese wird entweder weiter entrahmt, sodass Milch mit weniger als 0,3 % Fett entsteht („entrahmte Milch“) oder mit Sahne gemischt, um den gewünschten Fettgehalt zu erhalten, wobei man bei einem Fettgehalt von 1,5–1,8 % von „teilentrahmter Milch“ und bei einem Fettgehalt von mindestens 3,5 % von „Vollmilch“ spricht. Im Anschluss werden die verschiedenen Milchsorten homogenisiert, d. h. die Fetttröpfchen werden zerkleinert und fein verteilt und zur Abtötung von Bakterien mit Wärme behandelt: Durch Ultrahocherhitzen auf 135–150 °C erhält man „H-Milch“, „Frischmilch“ wird durch Erhitzen auf 70–74 °C pasteurisiert.

3.7 Das Rind – ein spezialisierter Pflanzenfresser

Nahrungsaufnahme beim Rind – Gebiss des Rindes	2 Abb. 1,4

Das Rind als Wiederkäuer – Die Verdauungsorgane des Rindes	1 Abb. 2,3

Technik und ihre Vorbilder in der Natur – Beispiel Biogasanlagen	3 Abb. 5

1

Benennung der einzelnen Abschnitte des Verdauungssystems des Rindes:
1. Speiseröhre 2. Pansen 3. Netzmagen 4. Blättermagen 5. Labmagen 6. Dünndarm

2

Im Unterkiefer sind 6 Schneide- und 2 Eckzähne angeordnet, die im Oberkiefer fehlen. Dort befindet sich stattdessen eine Kauplatte. Im Ober- und im Unterkiefer befinden sich auf beiden Seiten je sechs Backenzähne. Die Nahrung (z.B. Gras) wird mit der Zunge umschlossen, zwischen den stumpfen Schneidezähnen und der Kauplatte festgehalten und abgerissen. Die großen, quadratischen und immer rauen Backenzähne zermahlen und zerquetschen das Futter beim Wiederkäuen.

3

a) Die Abbildung stellt die Länge des Darms im Verhältnis zur Körperlänge bei Rind, Schwein, Hund und Katze dar. Das Rind hat die längsten Verdauungsorgane, es folgen Schwein und Hund; die Katze hat die kürzesten Verdauungsorgane. Die Darmlänge korreliert gut mit der Ernährungsweise: Bei Pflanzen fressenden Tieren wie der Kuh ist der Darm sehr lang, da es lange dauert, bis Gras und andere Pflanzen in ihre Bausteine zerlegt sind. Reine Fleischfresser wie die Katze haben einen sehr viel kürzeren Darm, da Fleisch sehr viel leichter verdaut wird. Allesfresser (Schweine und Hunde) liegen mit mittleren Darmlängen dazwischen.
b) Darmlängen:
Rind: ca. 55 m
Schwein: ca. 21 m
Hund: ca. 6 m
Katze: ca. 2 m

3.8 Schweine

Vom Wildschwein zum Hausschwein – Domestikation	2 Abb. 1,2

Das Schwein als Allesfresser	1 Abb. 4–6

Wildschweine in Städten	3 Abb. 3

1

Die Katze gehört zu den Fleischfressern, die Hirschkuh zu den Pflanzenfressern und das Hausschwein zu den Allesfressern.

	Fleischfresser	**Pflanzenfresser**	**Allesfresser**
Schneidezähne	klein, spitz und scharf – zum Abschaben von Fleischresten am Knochen	stumpfe, schräg nach vorn gerichtete Schneidezähne; nur im Unterkiefer, im Oberkiefer fehlen sie. Durch Pressen gegen den Oberkiefer wird das Futter abgerissen.	scharf und teilweise spitz, im Ober- und Unterkiefer
Eckzähne	lang und spitz – sie dienen als Fangzähne und zum Töten der Beute	schwach entwickelt – unterstützen die Schneidezähne	beim Wildschwein lang und spitz – dienen als Waffe, beim Hausschwein schwach entwickelt
Backenzähne	spitz und mit scharfen Schneidekanten, dienen zum Zerteilen der Nahrung	großflächig und rau – sie dienen zum Zermahlen des Futters. (im Oberkiefer große raue Kauplatte)	Die vorderen Backenzähne sind spitz und scharfkantig – sie dienen der Zerkleinerung des Futters; die hinteren Backenzähne sind stumpfer und großflächig und haben zermahlende Funktion.

2

	Wildschwein	**Hausschwein**
Kopf	gestreckt und keilförmig	keilförmig, allerdings kürzer als beim Wildschwein
Fell	dunkles, langhaariges Borstenfell	nur spärlich ausgeprägt
Beine	Beine länger	kürzere Beine
Schwanz	längerer Schwanz	kurzer Ringelschwanz
Körperform	kurzer, gedrungener Körper	gestreckterer Körper

3

In der freien Wildbahn nimmt der Bestand an Wildschweinen zu, das Nahrungsangebot für Wildschweine ist in der Stadt gut (Komposthaufen, Abfalltonnen, Gärten) und in der Stadt werden Wildschweine nicht gejagt, sodass die Scheu vor dem Menschen verloren geht.
Wildschweine in der Großstadt können nicht nur ein Ärgernis für Gartenbesitzer sein, wenn sie bei der Nahrungssuche Beete und Komposthaufen durchwühlen, sondern es kann auch zu gefährlichen Situationen kommen, da Wildschweine z.B. bei der Verteidigung ihrer Jungen durchaus aggressiv werden. Vor diesem Hintergrund sollten Wildtiere in der Stadt nicht noch zusätzlich durch offen liegendes Futter angelockt werde (Mülleimer verschließen) und ihr natürlicher Lebensraum im Wald sollte geschützt werden, sodass die Stadt als Lebensraum weniger attraktiv wird. (Viele weitere Gedanken sind möglich.)

3.9 Hühner

Balz und Paarung von Hahn und Henne	Abb. 1,2

Entwicklung von Hühnerküken	1 Abb. 3,4

1

4. Bruttag
- Fast das ganze Ei wird vom Dotter ausgefüllt.
- Dem Dotter liegen zahlreiche Blutgefäße auf, die zum Embryo führen.
- Kopf, Auge, Herz und Beine sind angelegt und zu erkennen.

8. Bruttag
- Der Embryo ist stark gewachsen, er füllt fast die Hälfte des Eies aus.
- Am großen Kopf fällt das große Auge auf, der Schnabel ist gut zu erkennen.
- Die Beine sind gewachsen und gut zu erkennen.
- Flügel sind zu erkennen.

20. Bruttag
- Das „Küken“ füllt fast das ganze Ei aus.
- Der Körper ist mit Federn bedeckt.
- Das Auge ist geschlossen.
- Auf dem Schnabel befindet sich der Eizahn.
- Ein Dotterrest ist noch vorhanden.

Schlüpfen
- Die Eischale ist aufgebrochen.
- Beim gerade geschlüpften Küken sehen die Federn nass aus.
- Beim vorher geschlüpften Küken sehen die Federn flauschig aus.

2

„Hühnerleben“
- Sie übernachten auf Sitzstangen im Stall.
- Der Hahn führt die Hennen zur Futtersuche ins Freie.
- Sie scharren und kratzen im Boden.
- Sie pflegen ihr Gefieder ausgiebig u.a. mit Staubbaden.
- An schwer zu erreichenden Körperstellen pflegen sie sich auch gegenseitig.
- Unter den Hühnern besteht eine Rangordnung.

Hühner in Käfighaltung
- Bis zu fünf Hühner sind ihr ganzes Leben lang zusammen in einem Käfig.
- Sie stehen oder sitzen auf einem Drahtgitter.
- Futter wird automatisch zum Käfig transportiert.
- Die Hühner hacken sich gegenseitig und verletzen sich dadurch.

3.10 Das Hühnerei als Ware

Haltungsformen von Hühnern	4 Abb. 1

Informationen für Verbraucher	2 4 5 Abb. 1,3

Aufbau eines Hühnereies	1 3 Abb. 2

1

Dotterhaut (2) – Sie grenzt den Dotter gegenüber dem Eiklar ab.
Eiklar (8) – Es enthält Bakterien hemmende Stoffe zum Schutz des Dotters.
Hagelschnur (1) – Sie hält den Dotter in der Eimitte und dreht ihn so, dass die Keimscheibe stets oben, also der Brutwärme zugewandt ist.
Kalkschale (7) – Sie gibt dem Ei die notwendige Festigkeit. Die Poren sind luftdurchlässig, sodass die Sauerstoffversorgung gesichert ist.

Keimscheibe (4) – Aus ihr entwickelt sich das Küken.
Luftkammer (5) – Über sie erfolgt die Sauerstoffzufuhr während der Entwicklung.
Schalenhäute (6) – Sie verhindern, dass zu viel Wasser aus dem Ei verdunstet.

2

a) Den Angaben kann ein Kunde entnehmen, wann und wo das Ei gelegt worden ist, aus welcher Haltungsform es stammt und wie lange es mindestens haltbar ist.
b) „Das Goldei von glücklichen Hühnern" enthält keine konkreten Informationen. Die Ziffern- bzw. Buchstabenfolge enthält die nötigen Informationen:
3 – Käfighaltung; BE – Erzeugerland Belgien; 1234-13-Nr. des Legebetriebs
Der Name „das Goldei von glücklichen Hühnern" soll den Eindruck erwecken, das Ei sei nicht in Käfighaltung produziert worden.

3

a) – e) Die Oberfläche der Schale ist nicht glatt, sondern uneben und mit vielen Poren versehen.
Dreht man das Ei in Längsrichtung, so dreht sich der Dotter in entgegengesetzter Richtung und behält so seine ursprüngliche Lage bei.
Zieht man an den Hagelschnüren, so ziehen diese wieder an der Dotterhaut.

4

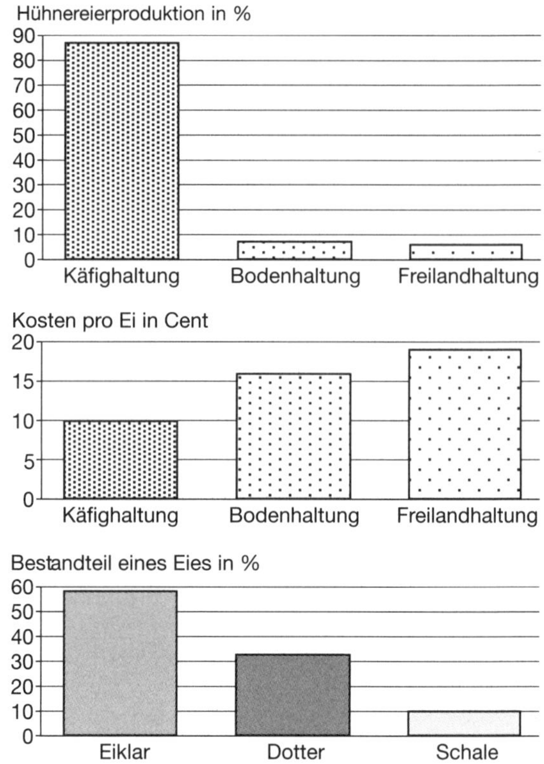

5

Das abgebildete Ei ist etwa drei Wochen alt, da es auf der Spitze „steht" und im Wasser schwebt. Es ist aber nicht älter, da es noch nicht an der Wasseroberfläche schwimmt.

3.11 Getreide sind Gräser

Vergleich des Aussehens von Gräsern, Beschreiben von Gemeinsamkeiten und Unterschieden (u.a. Blütenstände, Halm)	Abb. 1–3

Getreide als Gräser, Bestimmungsübungen	1a Abb. 4

Eigenschaften von Getreidearten, Züchtung neuer Sorten	1b

Kohlsorten – ein weiteres Beispiel für Züchtung	2 Abb. 5

1

a) Text 1 (Weizen) gehört zu Abbildung c. Erkennungsmerkmal sind vor allem die fehlenden Grannen. Auch ist zu erkennen, dass die Körner dicker als die der anderen Getreide sind.
Text 2 (Roggen) gehört zu Abbildung a. Die Grannen sind länger als beim Weizen, aber kürzer als bei der Gerste. Die Farbe der Körner ist auf der Abbildung nicht zu erkennen.

Text 3 (Hafer) ist Abbildung b zuzuordnen. Er ist leicht daran zu erkennen, dass keine Ähren vorliegen und nur kurze Grannen. Den Blütenstand beim Hafer bezeichnet man als Rispe.
Text 4 (Gerste) ist Abbildung d zuzuordnen. Wichtigstes Erkennungsmerkmal sind die langen Grannen.
b) Roggen ist ein Getreide, das bei rauem Klima und auf wenig fruchtbaren Böden gedeiht. Weizen benötigt mildes Klima, ist aber sehr ertragreich. Durch die Kreuzung beider Sorten sollte die Anspruchslosigkeit des Roggens mit der hohen Ertragsleistung des Weizens kombiniert werden.

Anmerkung: Tatsächlich hat Triticale ein hohes Ertragspotenzial und eine sehr gute Ertragsstabilität, auch auf schlechteren Böden. Er ist gegen Pilzkrankheiten weniger anfällig als Weizen. Als Brotgetreide ist Triticale weniger geeignet. Er wird v.a. als Futtergetreide angebaut.
Der Name Triticale leitet sich von Triticum (Weizen) und Secale (Roggen) ab.

2

Weißmehl, das nur aus dem Mehlkörper des Getreidekorns hergestellt wird, enthält vor allem Stärke und Eiweiß. Mehle mit höherer Typenzahl enthalten neben Stärke und Eiweiß auch Vitamine, Mineralsalze und Ballaststoffe, da bei der Herstellung auch die äußeren Schichten des Korns (Samenschale, Fruchtschale) verwendet werden. Da auch diese Bestandteile für die Ernährung wichtig sind, sind diese Mehle im Hinblick auf die Ernährung wertvoller. Die meisten Nährstoffe enthält Vollkornmehl, für das das ganze Getreidekorn mit allen Schichten und dem Keimling verwendet wird.

3.12 Der Grashalm als Vorbild: leicht, schlank, stabil

Strukturähnlichkeiten zwischen Grashalmen und Fernsehtürmen. Der Grashalm als Modell für materialsparende Bauweise	1 Abb. 1
Zusammenhänge zwischen Struktur und Stabilität bei Grashalmen und Hochbauten	1 Abb. 1
Schlankheitsgrade von technischen Bauwerken und von Pflanzen	2 Abb. 2
Stabilität von Wellen- und Faltprofilen	3 Abb. 3–5
Weitere Beispiele, die deutlich machen, wie die Natur als Vorbild in der Technik genutzt wird.	3d

1

Grashalm	Fernsehturm
schlank und hoch gewachsen	schlank und hoch gebaut
Wurzel zur Befestigung im Boden	Fundament zur Befestigung im Boden
schwerer Blütenstand auf dünnem Halm	schwerer Kopf aus dünnem Schaft
hohler Halm, röhrenartiger Aufbau	hohler Schaft, röhrenartiger Aufbau
Knoten als Festigungselement	Zwischendecke als Festigungselement
stabile Fasern als Wandverstärkung	Stahlverstärkungen im Beton

2

a) Berechnung der Schlankheitsgrade: (A) = Höhe (h) : Basisdurchmesser (d)
A = h : d
– Heinrich-Hertz-Turm: 6,6
– Fernsehturm Berlin: 11,5
– Rheinturm Düsseldorf: 6,9

– Fernsehturm Stuttgart: 20,1
– Roggenpflanze: 400,0

b) durchschnittliche Schlankheitsgrade erwachsener Pflanzen:
Fichte: 60
Tanne: 42
Sonnenblume: 100

3

a) Die Wellpappe, bei der die Rillen in Längsrichtung angeordnet sind, hat die deutlich höhere Traglast.
b) Die maximale Traglast ist auch abhängig von der Stärke des Papiers.
c) Es gibt für jede Papiersorte eine optimale Breite der Streifen. Weicht die Breite der Streifen nach unten oder oben von diesem Wert ab, ergeben sich geringere Traglasten.
d) Beispiele:
– Wellpappe
– Wellblechdächer
– Gebäudefassaden aus Metall
– Bedachungen, z. B. von Bushaltestellen
– Dachpfannen
– Konservendosen

e) Die gefaltete Struktur des Grasblattes verleiht Stabilität.

3.13 Kartoffeln – nahrhafte Knollen

Bau der Kartoffelpflanze	Abb. 1,2
Verwendung von Pflanzenteilen, Giftigkeit grüner Pflanzenteile	Abb. 1,2
Stärke als wesentlicher Inhaltsstoff der Kartoffelknolle, Speicherstoffe bei anderen Pflanzen	1 Abb. 1–3
Entwicklung des Kartoffelanbaus; v.a. Ertragsentwicklung, Diskussion der Ursachen	2 Abb. 4
Biologisch abbaubare Produkte aus Stärke	3 4 Abb. 5

1

a) Versuchsbeobachtung: Auf den Schnittflächen der Kartoffel bildet sich eine blau-schwarze Färbung.
Ergebnis: Kartoffeln enthalten Stärke.
b) Beobachtung: Bei Getreidekörnern und Bohnen bildet sich eine blau-schwarze Färbung, bei Zwiebeln und Möhren nicht.
Ergebnis: Bohnen und Getreidekörner enthalten Stärke. Zwiebeln und Möhren enthalten keine Stärke.
Anmerkung: In Zwiebeln und Möhren ist Zucker als Speicherstoff enthalten.

2

a)

Land	**Hektarertrag 1989 in Tonnen pro Hektar**	**Hektarertrag 1999 in Tonnen pro Hektar**
China	11,1	15,5
Russland	–	–
Indien	16,7	17,7
USA	36,0	44,0
Polen	18,3	15,4
Deutschland	28,0	40,0

b) Es ist festzustellen, dass die Hektarerträge in fast allen Ländern (außer in Polen) gestiegen sind. Das Ausmaß der Steigerung ist in den Industrieländern Deutschland und den USA größer. Auch sind in diesen Ländern die Hektarerträge viel höher als in den übrigen Ländern.
Gründe für wachsende Erträge:
– Züchtung und Anbau ertragreicherer Sorten
– Verwendung besserer Dünger
– Optimierung von Aussaatzeitpunkt und Erntezeitpunkt
– künstliche Bewässerung von Feldern

- Verwendung von Unkraut- und Insektenvernichtungsmitteln
- fachmännische bzw. wissenschaftliche Beratung bei Aussaat und Ernte

3

Anmerkung zum Versuch: Es ist eine Plexiglasscheibe zu verwenden, damit sich die entstehende Folie leicht ablösen lässt. Glasscheiben sind nicht geeignet.

4

–

3.14 Der Landwirt – ein grüner Beruf

Landwirt – Beruf mit vielen verschiedenen Aufgaben	**1** Abb. 1–5
Ausbildungsinhalte und ihre Bedeutung	**2** **3** Abb. 5
Ausbildung in Grünen Berufen	**3** Abb. 6,7

1

Praktische Ausbildung: Wer später auf einem Vieh haltenden Betrieb arbeitet, muss gelernt haben wie man das Futter zusammenstellt, die Nutztiere versorgt und wie man die Tiere und ihre Produkte erfolgreich vermarkten kann. Auf fast jedem Hof werden pflanzliche Produkte hergestellt. Inhalte der praktischen Ausbildung sind deshalb das Säen, Pflanzen, Ernten, der Transport und auch die Vermarktung der pflanzlichen Produkte. Beim Ackerbau sind genaue Kenntnisse über den Boden wichtig, damit z.B. notwendige Düngergaben genau vorausberechnet werden können. Deshalb kommt auch die Untersuchung von Bodenproben in der Ausbildung vor. Ein Landwirt muss außerdem mit vielen verschiedenen, zum Teil sehr großen Geräten und Maschinen umgehen. Pflege, Wartung und Bedienung von Maschinen gehören dementsprechend zum Ausbildungsprogramm. Schließlich sind noch die wirtschaftlichen Kenntnisse zu nennen: Qualitätsnormen müssen eingehalten werden, eine realistische Preiskalkulation ist notwendig und die geschickte Vermarktung der Produkte entscheidet später mit über den Erfolg des Betriebes.
Fächer in der Berufsschule: Die Fächer Pflanzenproduktion Tierproduktion, Agrartechnik, ökologische Grundlagen sowie Fachrechnen und berufsbezogenen Datenverarbeitung vermitteln gezielt die theoretischen Grundlagen für den Beruf des Landwirtes. Übergreifende Kenntnisse sind allerdings auch wichtig: Ein Landwirt muss sich und seinen Betrieb nach außen darstellen können. Allgemeinwissen, gutes Deutsch mit einer verständlichen Ausdrucksweise und fehlerfreie Geschäftspost sind dabei sehr nützlich. Ethische Fragen spielen in der Landwirtschaft zunehmend eine Rolle, z.B. wenn es um Züchtung, Gentechnik, Tierhaltung, Billigarbeitskräfte oder fairen Handel geht. Ein Landwirt sollte hier mitreden können. Das Fach Sport hat ebenfalls seine Berechtigung: Für die körperliche Arbeit ist eine gute körperliche Verfassung wichtig, aber auch wenn die Schreibtischarbeit überwiegt ist Sport als Ausgleich sinnvoll.

2

Das Diagramm rechts unten zeigt die Entwicklung der Ausbildungszahlen in den Grünen Berufen insgesamt. Es zeigt sich, dass es in den letzten Jahren mehr Auszubildende in dieser Berufsgruppe gibt, als in den Jahren 1992, 1994 und 1996. Während 1992 nur 32590 Auszubildende einen Grünen Beruf lernten, waren es 40360 Auszubildende im Jahr 2004, also ungefähr ein Viertel mehr.
Das Balkendiagramm auf der linken Seite zeigt, wie die Ausbildungszahlen auf die einzelnen Berufe verteilt sind. Die meisten Auszubildenden – nämlich 17420 – werden Gärtner. Es folgen die Ausbildungen zum Landwirt mit 9200 und zum Gartenbaufachwerker mit 5020 Auszubildenden. Deutlich geringer sind die Ausbildungszahlen beim Pferdewirt mit 2100, beim Forstwirt mit 1910 und beim Tierwirt mit 1590 Auszubildenden. Alle weiteren Grünen Berufe haben weniger als 1000 Auszubildende.
Ausbildungsinhalte verschiedener Grüner Berufe: Der erste Block beschreibt Teile der Ausbildung zum Forst-

wirt, denn vieles hat mit dem Wald zu tun. Der mittlere Block gehört zur Ausbildung zum Tierwirt. Die Inhalte werden aber auch in der Ausbildung zum Landwirt oder zum Pferdewirt in ähnlicher Weise vorkommen. Der untere Block enthält Ausbildungsinhalte für die Molkereifachleute, denn hier dreht sich fast alles um die Milch.

Alle drei Ausbildungen unterscheiden sich stark. Sie haben viele Inhalte, die genau auf die spätere Tätigkeit zugeschnitten sind z.B. „Ernten von Holz" für den Forstwirt oder „Qualitätsuntersuchungen des Rohstoffes Milch" für die Molkereifachleute. Eine Gemeinsamkeit gibt es beim Thema „Maschinen und Geräte". Sowohl Forstwirte als auch Tierwirte müssen mit großen Maschinen umgehen und sie pflegen und reparieren können. Auch Molkereifachwirte müssen mit Geräten umgehen, bei ihnen liegt der Schwerpunkt jedoch eher bei den Laborgeräten, die für die Analysen benötigt werden.

4 Biotop- und Artenschutz

4.1 Lebensräume in der Umgebung

Lebensräume (Biotope) und Lebensgemeinschaften	Abb. 1,2

Lebensräume im Umfeld der Schule, Artenvielfalt	1 2 Abb. 1,2

Menschen verändern Lebensräume	3 Abb. 3

1 a), b)
a: Gewässer/Feuchtgebiet (z.B. 2)
b: Garten (z.B. 1)
c: Wiese (z.B. 3)
d: Acker (z.B. 5)
e: Natursteinmauer (z.B. 3)

2
individuelle Lösung

3
Unterschiede:
- Strassen wurden gebaut
- Gewässer wurden begradigt, kaum Feuchtgebiete, Bach ist verschwunden
- Dorf ist größer geworden, Neubauten
- Wiesen sind zu Bauland geworden

Ursachen:
- Es wohnen mehr Menschen in der Region.
- Industrie
- Menschen haben Autos, benötigen Strassen
- Intensivere Landnutzung
- ungleichmäßig überschwemmte Flächen stören

4.2 Lebensräume verändern sich

Der Lebensraum von Steinkäuzen	2 Abb. 1

Lebensraumveränderung und deren Folgen	1 3 4 5 Abb. 2–5

1
In der Roten Liste sind 16 Arten bereits ausgestorben, 26 Arten als „vom Aussterben bedroht", 28 Arten als „stark gefährdet", 11 Arten als „gefährdet", 31 Arten in der „Vorwarnliste" aufgeführt.
Das sind insgesamt 112 Arten. Von den 254 der in Deutschland regelmäßig brütenden Arten sind demnach 142 Arten nicht gefährdet.

2

Veränderungen des Lebensraumes	Auswirkungen
– Alte Obstbäume werden gefällt. – Wiesenflächen werden nicht mehr beweidet. – Wiesenflächen werden zu Baugebiet. – Straßen mit regem Autoverkehr durchziehen den Lebensraum.	– Möglichkeiten, Bruthöhlen anzulegen, gehen zurück. – Im längeren Gras kann die Beute nicht oder nicht so gut gesehen werden. – Lebensraum wird kleiner. – Im Tiefflug jagende Steinkäuze werden bei Zusammenstößen mit Autos verletzt.

3

Nein. Hausrotschwänze finden in bzw. an Gebäuden reichlich Nistplätze und in Mauerritzen, am Boden und an Blättern genug Insekten und Spinnen als Nahrung.

4

Der Eisvogel ist in der Kategorie Vorwarnliste eingestuft.
Begründung:
Klare Bäche (mit Fischen) sind selten geworden.
Durch die Begradigung von Fließgewässern sind steile Erdwände am Ufer, in die Eisvögel ihre Nester bauen, selten.

5

a) Gefährdungsursachen:
- Alte Obstbäume auf Streuobstwiesen werden abgeholzt.
- Wiesenflächen werden nicht mehr beweidet.
- Neubaugebiete entstehen auf früheren Streuobstwiesen und Weideflächen.
- Stark befahrene Straßen durchziehen den Lebensraum.
- Fließgewässer sind verschmutzt.
- Fließgewässer sind begradigt worden.

b) –

4.3 Gefährdung und Schutz von Arten

Gefährdungsstufen	**1** **2** Abb. 1,3
Gründe für die zunehmende Gefährdung von Pflanzenarten	
Zuwanderung: Neophyten	**1** Abb. 2

1

a) Annahme: Ausbreitung durch den Wind
Erwartung: Ausbreitung entlang der Windrichtungen
Startpunkt „Bremen“: Windrichtung bevorzugt aus Norden (und Westen), Ausbreitung vermutlich in südlicher und östlicher Richtung
Anmerkung: Der Bremer Raum war in den siebziger Jahren der erste Fundort dieser neuen Art, danach konnte sich die Art vermutlich aufgrund günstiger klimatischer Bedingungen sehr rasch im Köln-Düsseldorfer Raum etablieren.
b) 1. Sehr verbreitet im Nordwesten Deutschlands
2. Strahlige Ausbreitung in östlicher Richtung
3. Strahlige Ausbreitung in südlicher Richtung (Mainz – Stuttgart und entlang der französischen Grenze in Richtung Schweiz), einzelne Funde im Südosten.

c) Durch den Wind werden die Früchte von der Mutterpflanze weggeweht. Fallen diese Früchte in einen Fluss, so könnte das Wasser ein weiteres Transportmittel sein. Die strahlige Ausbreitung in südlicher Richtung orientiert sich am Verlauf des Rheins. Auch Autos könnten als Transporthilfe vermutet werden (vgl. Verlauf der Autobahnen).
Anmerkung: Die Früchte des Schmalblättrigen Greiskrauts besitzen wie der Löwenzahn einen Haarkranz, „Pappus“, als Flughilfe.

2

Gefährdungsstufen	Prozentzahl	Absolute Artenzahl
Ungefährdet	52	7189
Sehr selten	17	2350
Gefährdet	13	1797
Stark gefährdet	14	1936
Ausgestorben	4	553
Gesamtzahl	100	13825

Berechnung: 13.825 Arten = 100%
x (ungefährdete Arten) = 52%
x = $13.825/100 \cdot 52$
= 7.189

4.4 Lebensraumschutz ist Artenschutz

Impuls: Warum sind Amphibien in Deutschland bedroht?	
Ansprüche der Amphibien?	1 Abb. 1,2
Veränderungen der Landschaft	2a,b Abb. 3
Auswirkungen auf Amphibien	1b 2c Abb. 1–3
Möglichkeiten zum Schutz	2d Abb. 3

1

a) Feuersalamander: Laichgewässer, Laubwald
Erdkröte: Laichgewässer, Hecken, Wiesen, Laubwald/ Mischwald
Grasfrosch: Laichgewässer, Wiesen oder Laubwald/ Mischwald
Teichmolch: Laichgewässer, Wiesen oder Laubwald/ Mischwald
b) Erdkröte: ca. 3873 m
Grasfrosch: ca. 1414 m
Molch: ca. 707 m

2

a) Die Heide ist ganz verschwunden.
Fast alle größeren Gewässer existieren nicht mehr.
Die noch verbleibenden Wälder sind sehr klein.
Sumpfgebiete sind vollständig verschwunden.
Die Zahl der Gebäude und Straßen hat zugenommen.
Weitere mögliche Argumente: Entwässerungsgräben, Bachbegradigungen ...
b) Einige mögliche Antworten:
Entwässerung und Rodung von Flächen, um mehr Acker- und Weideflächen zu bekommen.
Es leben mehr Menschen in diesem Raum.
Es gibt mehr Verkehr.
Felder und Wiesen müssen mit großen Maschinen bewirtschaftet werden.
c) Einige mögliche Argumente:
Die Zahl der Gewässer, die zum Laichen geeignet sind, hat abgenommen.
Wälder als Sommer- oder Winterlebensraum sind nur noch in geringem Maß vorhanden.
Bei den Wanderungen der Amphibien müssen oft Straßen überquert werden.
Die Mindestlebensräume (ohne Ackerland) sind zerstückelt und die Teile zu weit voneinander entfernt.
d) Einige mögliche Vorschläge:
Anlegen weiterer Gewässer als Laichgewässer.
Anpflanzung von Wäldern.
Wälder mit Hecken verbinden.
Anlegen von Amphibienschutzzäunen oder Tunneln an den Straßen.

M Basiskonzepte zum Thema „Vielfalt von Lebewesen"

–

5 Ernährung und Verdauung

5.1 Bedeutung der Ernährung

Bedeutung der Ernährung	**1** Abb. 1

Ernährung in Familien verschiedener Länder	**2** Abb. 2–4

1

–

2

a)

b) In Mali nehmen die Ausgaben für Essen pro Person 1/3 des gesamten Durchschnittseinkommens einer arbeitenden Person ein. In einer Familie arbeiten nicht alle Personen (Kinder), essen aber, also muss fast das ganze Einkommen für Essen ausgegeben werden. In der Türkei verdienen die Menschen zwar viel mehr als in Mali (ca. 10-mal so viel), aber die Ausgaben für Lebensmittel sind auch höher und so ist auch hier das Verhältnis Lebensmittelausgaben (pro Person) zu Einkommen (pro arbeitende Person) etwa 1/3. In den USA sieht es ganz anders aus: Die Ausgaben für Lebensmittel sind nur wenig höher als in der Türkei, aber das Durchschnittseinkommen ist etwa 10-mal so hoch. Hier haben die Menschen sehr viel mehr Geld für andere Ausgaben übrig.

	Fam. Caven, USA	**Fam. Celik, Türkei**	**Fam. Natomo, Mali**
Getreideprodukte	Weißbrot, Nudeln, Bagels, Brezeln, Tortillas, Waffeln	Brot, Reis	Hirse, Reis, Mais
Gemüse	Brokkoli, Mischgemüse, Karotten, Erbsen	Linsen, Kartoffeln, Spinat, Zucchini, Tomaten, Erbsen, Oliven, Kopfsalat, Kohl, Lauch	Okraschoten, Zwiebeln, Tomaten, Tamarinden
Früchte	Äpfel, Bananen, Weintrauben, Mandarinen	Bananen, Orangen, Granatäpfel	Mangos, Orangen
tierische Erzeugnisse	Eier, Hühnerbrust, Rindfleisch, Tunfisch	Eier, Rindfleisch, Fisch	Trockenfisch
Milchprodukte	Käse	Jogurt, Feta-Käse	
Getränke	Milch, Apfelsaft, Cola, Kaffee, Orangensaft, Mineralwasser	Tee, Milch, Cola, Saft, Kaffee	Wasser, Sauermilch

5.2 Nährstoffe sind wichtige Bestandteile der Nahrung

Nährstoffe (Kohlenhydrate, Fette, Eiweiße) und Nährstoffnachweise (Eiweiß, Stärke, Fett, Glucose)	1 2 3 4	Abb. 1–4
Nährstoffgehalt in Nahrungsmitteln	5	Abb. 5

1 **2** **3** **4**

–

5

nach Kohlenhydratgehalt:
Hühnerfleisch, Rindfleisch, Schweinefleisch, Gänsefleisch < Eier, Gurken < Champignons, Spinat < Vollmilch < Nüsse < Fruchtjogurt < Kartoffeln < Bananen < Schokolade < Vollkornbrot < Weißbrot < Reis < Honig

nach Fettgehalt:
Spinat, Honig, Gurken, Bananen < Vollkornbrot, Weißbrot, Reis < Fruchtjogurt < Vollmilch < Eier < Hühnerfleisch < Rindfleisch < Kartoffeln, Champignons < Schokolade < Schweinefleisch < Gänsefleisch < Nüsse

nach Eiweißgehalt:
Honig, Gurken < Bananen < Spinat, Kartoffeln < Vollmilch, Fruchtjogurt < Champignons < Weißbrot, Reis < Vollkornbrot < Gänsefleisch, Eier < Schweinefleisch, Nüsse < Rindfleisch, Schokolade < Hühnerfleisch

---

5.3 Vitamine, Mineralstoffe, Ballaststoffe

–

5.4 Nahrung liefert Stoffe und Energie für den Körper

Wachstum und Körpermasse bei Kindern und Jugendlichen	1	Abb. 1
Zum Begriff „Energie"	2	Abb. 2
Energiegehalt in Nahrungsmitteln und Energiebedarf	3 4 5	Abb. 3–5

1

a) Zur durchschnittlichen Wachstumsgeschwindigkeit:
- Die Wachstumsgeschwindigkeit ist im Baby- und Kleinkindalter sehr hoch, nimmt aber in den ersten 2 Lebensjahren sehr stark ab.
- Zwischen dem 4. und 9. Lebensjahr zeigt sich nur noch eine leichte Abnahme der Wachstumsgeschwindigkeit, sie liegt bei etwa 6,5 cm/Jahr.
- Dann folgt eine starke Wachstumsphase, die bei Mädchen früher beginnt (etwa mit 10 Jahren) als bei Jungen (etwa mit 13 Jahren); bei beiden dauert sie etwa 2 Jahre an.
- Danach nimmt das Wachstum stark ab, Mädchen haben mit 15 Jahren fast ihre endgültige Körpergröße erreicht, Jungen mit 17.

b) Zur durchschnittlichen Körpermasse:
- Zwischen dem 6. und dem 14. Lebensjahr nimmt die Körpermasse bei Mädchen und Jungen sehr gleichmäßig zu.
- In dieser Zeit sind Mädchen durchgehend etwa 5 kg leichter als Jungen desselben Alters.
- Ab dem 14. Lebensjahr nehmen Mädchen langsamer an Körpermasse zu als Jungen, der Unterschied zwischen Mädchen und Jungen vergrößert sich.

Mädchen erreichen also früher ihre endgültige Körpergröße und ihre endgültige Körpermasse.

2

Stichworte könnten sein:
- Energie kann Dinge bewegen und erwärmen
- verschiedene Formen von Energie
- Licht, Wärme, chemische Energie
- eine Form wird in eine andere umgewandelt

3

Nahrungsmittel (kJ):
Apfel (243), Kuhmilch (268), Jogurt (297), Kartoffeln (318), Banane (356), Forelle (423), Rinderfilet (511), Hühnerei (678), Roggenbrot (950), Brötchen (1126), Honig (1272), Schweinekotelett (1427), Spagetti (1544), Traubenzucker (1611), Walnüsse (2725), Margarine (3013), Butter (2996)

Beispielsätze:
- 100 g Forelle liefern etwa 420 kJ. Das entspricht dem Bedarf an Energie, wenn man 1h lang ruhig steht.
- 100 g Spagetti und 100 g Apfel liefern zusammen ca. 1800 kJ, was etwa dem Energiebedarf bei einem 11km langen Lauf entspricht.
- Der Energiebedarf beim Schwimmen ist hoch, bei 4,2 km liegt er bei ca. 7300 kJ. Das entspricht in etwa dem Energiegehalt von 500 g Schweinekotelett.

4

- 12-jähriges Mädchen: 9000 kJ pro Tag. Bei 45 kg Körpermasse sind das 200 kJ pro kg Körpermasse und Tag.
- 14-jähriger Junge: 12550 kJ pro Tag. Bei 50 kg Körpermasse sind das 251 kJ pro kg Körpermasse und Tag.

5

Beispiele: Herzmuskel pumpt Blut, Atmungsmuskulatur, Gehirnaktivität, Körpertemperatur konstant halten, Nierentätigkeit, Gewebeerneuerung, Wachstum

---

5.5 Ausgewogene, gesunde Ernährung

Schlaraffenland	1	Abb. 1
Ausgewogene Ernährung und der Ernährungskreis	2 4	Abb. 2
Fehlernährung: Überernährung und Unterernährung	3	
Ernährung in der Steinzeit und heute	5	Abb. 3

1

Bildbeschreibung
- Überall liegt Essen
- Tiere und Eier laufen zum Anschneiden bereit hin und her.
- Auf einem Baum-Tisch liegt Wurst, Fleisch und eine umgekippte Karaffe.
- Menschen liegen regungslos am Boden, ihre Hosen sind aufgeplatzt – sie haben sich überfressen.

Was drückt es aus?
- Im Schlaraffenland ist Nahrung im Überfluss vorhanden, man muss nur zugreifen.
- Tiere sind zum Aufessen da.
- Den Menschen tut das nicht gut, sie können sich nicht zurückhalten und liegen am Ende wie gelähmt.

Eigene Vorstellungen, Beispiele könnten sein:
- viele Süßigkeiten, Kuchen …
- exotisches Obst an den Bäumen
- Pizza, Hamburger
- zufriedene, glückliche, gesellige Menschen

Gesundheit
- ungesund: zu viel, zu fett, zu viel Fleisch, evtl. zuviel Zucker

2

- Für eine ausgewogene Ernährung sollte man viel Getreide, Getreideprodukte und Kartoffeln essen. Zusammen sollten sie über 1/4 der gesamten Nahrung ausmachen.
- Auch Gemüse und Hülsenfrüchte sollte man viel essen (fast 1/4).
- Obst und Getränke sollten auch etwa 1/4 ausmachen.
- Milch und Milchprodukte, Fisch, Fleisch und Eier sowie Fette und Öle sollten nur in kleinen Mengen gegessen werden.

3

- Unterernährung: Mangel an Nährstoffen (besonders Eiweiße, Vitamine, Mineralsalze). Begünstigt ansteckende Krankheiten und Durchfallerkrankungen. Unterernährte Kinder bleiben in ihrer geistigen und körperlichen Entwicklung zurück.
- Überernährung: ist Ursache von Übergewicht und vielen Krankheiten. Entsteht, wenn dem Körper mehr Nährstoffe zugeführt werden, als er benötigt. Diese werden in Fett umgewandelt.
- Unausgewogene Ernährung: einseitige Ernährung (zu fett, zu süß, zu salzig); kann auf Dauer die Gesundheit gefährden.

4

Beispiel:
morgens: Müsli mit Jogurt und Früchten, dazu Tee
vormittags: ein Brot mit Käse, dazu Orangensaft
mittags: Gemüseauflauf (Blumenkohl, Kartoffeln, Karotten, Zwiebeln, Paprika), mit wenig Fett zubereitet
nachmittags: Apfel und Banane
abends: Brot mit Wurst und Salat, dazu Wasser

5

a)
- Beeren, Früchte und Pilze sammeln
- auf die Jagd gehen und Tiere erlegen
- sich gegen Tiere verteidigen
- Essen zubereiten
- einfaches Leben: ohne Häuser, Getreideanbau, wenig Kleidung

b) Stichworte für den Vergleich könnten sein:
- Steinzeit: viele Früchte, viel Fleisch, kein Getreide und keine Milchprodukte, viel Bewegung
- heute: viel Getreide, wenig Fleisch, viel Zucker, wenig Bewegung

5.6 Verdauung der Nahrung

Sinne und Nahrungsmittel	1	
Weg der Nahrung im Körper/ bei der Verdauung	2	Abb. 1
Verdauung der Nährstoffe im Überblick	3	Abb. 2
Vergleich: Nahrung, Gebiss und Darmlänge bei Katze, Rind und Mensch	5	Abb. 3

1

–

2

Verdauung im Mund: Mechanische Zerkleinerung mit den Zähnen, Verflüssigung der Nahrung durch Speichel.

↓

Speiseröhre: Durch sie gelangen Nahrungsportionen in den Magen.

↓

Magen: Durchkneten des Nahrungsbreis; Ansäuerung des Nahrungsbreis durch den Magensaft, der Salzsäure enthält; Eiweiße quellen auf und Abbau in ihre Bausteine beginnt.

↓

Zwölffingerdarm: erster Abschnitt des Dünndarms

↓

Dünndarm: Verdauungssäfte, die von der Bauchspeicheldrüse und der Gallenblase in den Dünndarm abgegeben werden, zerlegen die Nährstoffe in ihre Bausteine: Stärke (Kohlenhydrat) => Traubenzucker (Glucose); Eiweiße => Aminosäuren; Fette => Fettsäuren und Glycerin; diese Bausteine werden durch die Wand des Dünndarms in das Blut aufgenommen.

↓

Dickdarm: Unverdaulichen Nahrungsresten werden Wasser und Mineralsalze entzogen.

↓

After: Die eingedickten Nahrungsreste werden ausgeschieden.

3

Bei der Verdauung werden Nährstoffe in ihre Bausteine zerlegt und diese in das Blut aufgenommen; Stärke wird in Glucose zerlegt, Eiweiße in Aminosäuren und Fette in Glycerin und Fettsäuren.

4

z. B.:
Etwas Mehl in Wasser auflösen (= stärkehaltige Lösung).
In einem Reagenzglas Speichel hinzugeben, in einem anderen als Kontrolle keinen Speichel.
Nach einiger Zeit Stärke mit Iod-Kaliumiodid-Lösung nachweisen.
Erwartung: Im Reagenzglas mit Speichel ist keine Färbung zu sehen – die Stärke wurde zerlegt.
Anmerkung: Ergänzender einfacher Versuch: Brot lange im Mund behalten => es tritt ein süßer Geschmack auf, weil Stärke in Zucker zerlegt wird.

5

- Das Gebiss ist auf Nahrung und Lebensweise angepasst: Fleischfresser wie die Katze haben Reißzähne und spitze Backenzähne zum Zerkleinern des Fleisches. Die Kuh als Pflanzenfresser hat breite Mahlzähne.
- Der Darm ist bei pflanzenfressenden Tieren (Kuh) sehr lang, da es lange dauert, Gras u. a. Pflanzen in ihre Bausteine zu zerlegen. Fleischfressende Tiere (Katze) haben einen kurzen Darm, die Zerlegung der Bausteine geht schneller.
- Der Mensch als Allesfresser steht mit seinem vielseitigen Gebiss und einem mittellangen Darm zwischen reinen Fleisch- und reinen Pflanzenfressern.

Anmerkung: Als Vermutung könnte das Gegenteil erwartet werden: Gemüse und Salat gelten als „leicht verdaulich“, Fleisch „liegt schwer im Magen“.

6 Bewegungssytem des Menschen

6.1 Das Skelett des Menschen

Skelett des Menschen Bestandteile des menschlichen Skeletts und deren Funktionen	4 Abb. 1,5

Aufbau der Wirbelsäule Erarbeitung des strukturellen Aufbaus der Wirbelsäule und der Funktion der Bandscheiben	1 Abb. 1,2

Statik der Wirbelsäule Erarbeitung des Zusammenhangs zwischen Form und Belastbarkeit der Wirbelsäule in Abhängigkeit von der Körperhaltung	2 3 Abb. 3,4,6

1

Die Wirbelsäule zeigt einen gegliederten Aufbau. Die einzelnen Wirbelkörper sind säulenartig übereinander gestapelt, zwischen ihnen befinden sich die Bandscheiben. Das Rückenmark verläuft als dicker Strang parallel zu den Wirbelkörpern (durch die Wirbelbögen). Auf Höhe der Bandscheiben zweigt jeweils ein dünnerer Nerv aus dem Rückenmark ab.
Die Bandscheiben haben die Aufgabe, die Gewichtskraft, die durch den Kopf, den Hals und den Oberkörper auf die einzelnen Wirbelkörper wirken, zu dämpfen bzw. abzufedern. Gleichzeitig verhindern sie, dass die Wirbelkörper bei Bewegungen, z.B. bei Drehungen, aufeinander reiben. Besondere Bedeutung kommt den Bandscheiben beim Laufen und Springen zu, hier funktionieren sie wie Stoßdämpfer.

2

Der Mensch hat eine aufrechte Körperhaltung, bei ihm tragen nur die Beine den Körper. Der Hund hat eine waagerechte Körperhaltung, der Körper wird von allen vier Beinen getragen. Die Halswirbelsäule ist bei Mensch und Hund gekrümmt. Der Bereich zwischen Schulter- und Beckengürtel ist beim Menschen gebogen, beim Hund verläuft er fast gerade. Der Mensch hat nur eine kurze und verkümmerte Schwanzwirbelsäule, beim Hund ist diese sehr lang und besteht aus vielen Wirbeln. Insgesamt hat der Mensch eine s-förmige Wirbelsäule.

Modellversuch Hundewirbelsäule:

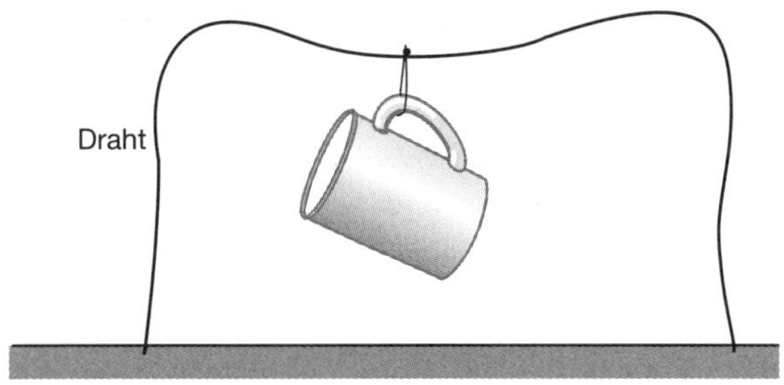

3

Das erste Modell (Abb. 3) ist doppelt gebogen, wobei die einzelnen Bögen klein sind. Das zweite Drahtmodell (Abb. 4) ist nur einfach gebogen, der Bogen ist sehr groß. An beide Modelle wird an das obere Ende die selbe Tasse gehängt, hier wirkt also die gleiche Gewichtskraft. Es ist erkennbar, dass das einfach gebogene Modell durch die Gewichtskraft der Tasse weiter nach unten und nach vorne gezogen wird als das doppelt gebogene.
Die menschliche Wirbelsäule ähnelt dem ersten Modell.
Da sich das s-förmige Modell nur wenig verformt, kann man aus den Ergebnissen schließen, dass die menschliche Wirbelsäule bei aufrechter Haltung große Gewichte tragen kann und Stöße gut abfedern kann. Sie ist der aufrechten Körperhaltung des Menschen sehr gut angepasst.

4

1 = Schädelknochen; 2 = Oberkiefer; 3 = Unterkiefer; 4 = Schulterblatt; 5 = Rippe; 6 = Oberarmknochen; 7 = Wirbelsäule (Wirbelkörper); 8 = Speiche; 9 = Elle; 10 = Beckenknochen; 11 = Handknochen; 12 = Oberschenkelknochen

6.2 Knochen und Gelenke

Aufbau eines Knochens und Funktion der Bestandteile	4 Abb. 1

Struktur eines Gelenks und Funktion der Bestandteile	2 4 Abb. 2,3,5

Welche Bewegungen ermöglichen verschiedene Gelenktypen? Erarbeitung der Struktur verschiedener Gelenktypen und deren Bewegungsmöglichkeiten Vergleich menschlicher und technischer Gelenke	1 2 3 Abb. 4

1

Finger- und Zehengelenke ermöglichen nur Bewegungen nach oben und unten, es müssen demnach Scharniergelenke sein. Das Hüftgelenk ermöglicht Bewegungen nach vorn und hinten, nach rechts und links und Kreisbewegungen. Es ist also ein Kugelgelenk.

2

Das Scharniergelenk ermöglicht nur Drehungen um eine Achse bzw. Bewegungen nach rechts und links.
Beim Kugelgelenk kann der Knochen um drei Achsen bewegt werden, also nach vorn und hinten und nach rechts und links. Zusätzlich kann der Knochen in der Gelenkpfanne gedreht werden.
Beim Sattelgelenk kann der Knochen um zwei Achsen bewegt werden, nämlich nach vorn und hinten und nach rechts und links.

a) Das Schultergelenk ermöglicht Bewegungen in alle Richtungen sowie Kreisbewegungen, es ist ein Kugelgelenk.
b) Das Fußgelenk erlaubt Bewegungen nach oben und unten und nach rechts und links, es ist also ein Sattelgelenk.
c) Die oberen beiden Knochen des Daumens können nur nach oben und unten bewegt werden, es sind also Scharniergelenke. Das Daumengrundgelenk ermöglicht Bewegungen nach oben und unten sowie nach rechts und links, es ist ein Sattelgelenk.

3

Beispiele:
Klappstuhl = Scharniergelenk
Tafelzirkel: Fuß = Kugelgelenk, Verbindung der beiden Schenkel = Scharniergelenk
Schreibtischlampe = Scharniergelenk (evtl. Kugelgelenk)

4

a) Das Gelenkmodell veranschaulicht die Funktionsweise eines Kugelgelenks. Die beiden Rundhölzer entsprechen Knochen, die Holzkugel entspricht dem Gelenkkopf, der Squashball der Gelenkpfanne und das Öl der Gelenkschmiere.
b) Über das Gelenk sind die beiden Knochen (Rundhölzer) in alle Richtungen zueinander beweglich und drehbar. Bei starker Gewalteinwirkung kann es passieren, dass der Gelenkkopf (Holzkugel) aus der Gelenkpfanne (Squashball) herausspringt.

6.3 Muskeln bewegen den Körper

Muskeln ermöglichen vielfältige Bewegungen	Abb. 1

Struktur der Muskulatur Funktion der Sehnen	Abb. 2,3

Arbeitsweise der Muskulatur Erarbeitung des Gegenspielerprinzips Versorgung und Energiestoffwechsel der Muskulatur	1 Abb. 2,3

Wie kann ich mit wenig Kraftaufwand große Gewichte bewegen? Erarbeitung wesentlicher Hebelgesetze, Übertragung auf Gegebenheiten des Alltags (flächenübergreifende Aspekte)	2 Abb. 5,6

Arbeitsweise der Muskulatur Erarbeitung des Gegenspielerprinzips Versorgung und Energiestoffwechsel der Muskulatur	3 Abb. 4

1

Der Muskel auf der Oberschenkelvorderseite ist der Beinstrecker, der Muskel auf der Oberschenkelrückseite ist der Beinbeuger. Wenn das Bein gestreckt wird, wird der Muskel auf der Vorderseite angespannt, er wird dicker und härter. Dabei verkürzt sich der Muskel, der Unterschenkel wird angehoben. Der Muskel der Oberschenkelrückseite ist dabei schlaff, er wird in die Länge gezogen. Wird das Bein aktiv gebeugt, verkürzt sich der Muskel der Rückseite, der Unterschenkel wird dadurch angehoben. Gleichzeitig verliert der Oberschenkelstrekker seine Spannung, er wird passiv gedehnt. Oberschenkelstrecker und -beuger sind also Gegenspieler.

2

Die Auflagestelle der Stange bildet die Drehachse des Hebels und teilt die zwei Seiten in einen langen Hebelarm und einen kurzen Hebelarm. Die Kraft am langen Hebelarm (F_2), die man aufbringt, ist wesentlich geringer als die resultierende Kraft am kurzen Hebelarm (F_1), also die Kraft, die den Schrank anhebt. Das bedeutet, dass man mithilfe einer kleinen Kraft am langen Hebelarm größere Gewichte am kurzen Hebelarm bewegen kann.

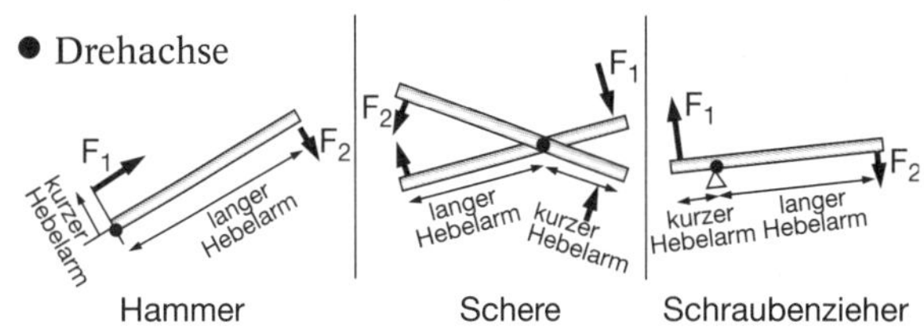

3

a)
Zorn = a; Angst = b; Freude = c;
Ekel = d; Erstaunen = e; Ratlosigkeit = f

b) Die Aktivitäten der Gesichtsmuskeln verändern die Gesichtszüge eines Menschen, sie ermöglichen die Mimik. Auf diese Weise können Gefühle zum Ausdruck gebracht werden. Dadurch sind die Menschen in der Lage, sich auch ohne Worte zu verstehen. Besonders wichtig ist dies z.B. bei kleinen Kindern, die noch nicht richtig sprechen können. In vielen Situationen ist es wichtig, die Gefühle einer Person zu kennen, bevor und während man mit ihr Kontakt aufnimmt. Die Gesichtsmuskeln sind also ein wichtiges Instrument für die zwischenmenschliche Verständigung.

6.4 Verletzungen und Erkrankungen der Bewegungsorgane

Symptomatik und Ursachen von Verletzungen der Bewegungsorgane Welche Verletzungen gibt es?	5 Abb. 1

Sportliche Aktivitäten sind gesund und machen Spaß, sie können aber auch gefährlich sein Wie kann man Verletzungsrisiken beim Inline-Skaten verringern?	1 Abb. 1

Haltungsschwächen und Haltungsschäden Ursachen verschiedener „Rückenleiden" Wie kann ich Schädigungen der Wirbelsäule vermeiden?	2 3 Abb. 2,3

Funktion von Modellen Vergleich der Eigenschaften von Modellen mit der Realität	3 4 Abb. 2,3

1

Beispiel:
Überschrift: Inline-Skaten ist gesund – aber auch gefährlich
Unterüberschrift: Wie kann man Verletzungen vermeiden?
Stichpunktsammlung:
- Niemals ohne komplette Schutzausrüstung skaten (Hand-, Ellbogen-, Knieschoner, Helm)
- Schutzausrüstung verringert das Verletzungsrisiko erheblich
- Möglichst Lehrgang zur Einführung in die Sportart besuchen, Schwerpunkt: richtiges Fallen und Bremsen
- Als Anfänger keine schwierigen Tricks erproben, die Halfpipe meiden
- Bei Regen oder Verschmutzungen der Strecken (Steine, Blätter, usw.) lieber nicht skaten
- Nur auf geeigneten Strecken oder Plätzen skaten (wenig Fußgänger, kein Autoverkehr)
- Verkehrsregeln beachten: Inline-Skater gelten nach der Straßenverkehrsordnung als Fußgänger!
- Rücksicht auf andere Verkehrsteilnehmer nehmen

2

Wird ein Gewicht mit geradem Rücken gehoben, verteilt sich die Kraft auf die ganze Fläche der Bandscheiben, die Gewichtskraft wird gleichmäßig auf den Gallertkern verteilt. Wird das Gewicht mit gekrümmtem Rücken gehoben, wird die Kraft fast ausschließlich auf die Bauchseite der Bandscheiben ausgeübt. Da die gleiche Gewichtskraft hier auf eine kleinere Fläche einwirkt, steigt der Druck erheblich an. Durch die einseitige Belastung wird die Bandscheibe zur Rückenseite hin verschoben. Im Extremfall kann dadurch, wie im Brötchenmodell dargestellt, der Gallertkern herausgequetscht werden (Bandscheibenvorfall).
(Die Demonstration sollte so erfolgen, dass das Gewicht aus der Kniebeuge mit geradem Rücken durch die Beinstreckung gehoben wird.)

3

Beim Brötchenmodell übereinstimmend ist das Funktionsprinzip: Ein weicherer Körper liegt zwischen zwei festeren. Bei ungleicher Druckverteilung wird der weiche Teil zur Seite rausgeschoben.
Beim Segelboot wird der Mast durch Seile zu beiden Seiten in der richtigen, aufrechten Position gehalten. Mit den Gegebenheiten des menschlichen Körpers stimmt hier das Funktionsprinzip überein: Fixierung einer aufrechten Position durch beidseitige Verspannung.
Abweichungen bestehen beim Brötchenmodell im Wesentlichen darin, dass die Brötchenhälften und der Belag nicht die Konsistenz und Festigkeit der Wirbelkörper und Bandscheiben besitzen. Außerdem würde hier der Belag auch bei gleichmäßiger Kraftverteilung austreten. Unterschiede beim Segelbootmodell bestehen in der fehlenden Gliederung des Mastes und der dadurch bedingten fehlenden Beweglichkeit. Weiterhin werden die Seile weit nach außen abgespannt, was beim menschlichen Körper gar nicht möglich wäre. Die Fixierung der Verspannungen am Mast erfolgt nur in einem Punkt, die Muskulatur setzt jedoch an vielen Punkten des Knochenapparates an. Letztlich können die Seile des Segelbootes zwar geringfügig gedehnt werden, sie können sich jedoch nicht wie ein Muskel zusammenziehen.

4

a) Entsteht aufgrund von Bewegungsmangel eine Abschwächung der Bauch- und Rückenmuskulatur, kann die Wirbelsäule nicht mehr hinreichend in ihrer aufrechten Position gehalten werden. Die Stabilität der Wirbelsäule geht verloren und ihre natürliche Form verändert sich. Haltungsschäden wie Rund- oder Hohlrücken oder seitliche Verkrümmungen der Wirbelsäule können die Folge sein.

b) Regelmäßiges Bewegungstraining stärkt die Sehnen und Bänder, vor allem aber die Muskulatur. Dadurch werden auch die Bauch- und Rückenmuskulatur gekräftigt, sodass sie die Wirbelsäule besser stabilisieren können. Gleichzeitig wird das Skelett gelenkiger und die Knochen fester.

Übergewicht hat viele nachteilige Auswirkungen auf fast alle Organe des Körpers. Durch die zusätzliche Körpermasse wird natürlich auch die Wirbelsäule beeinträchtigt. Sie muss mehr Gewicht tragen bzw. in die aufrechte Körperhaltung bringen und dort halten. Gleichzeitig wird die natürliche Bewegungsfreiheit der Wirbelsäule durch die Körpermassen eingeschränkt.

5

Prellung	Quetschung der Muskulatur durch äußere Gewalteinwirkung, z.B. Sturz, Tritt, Schlag. Durch Verletzungen der Blutgefäße entstehen Blutergüsse.
Muskelzerrung	Diese entsteht durch Überdehnung eines Muskels (häufig dann, wenn die Muskulatur nicht ausreichend erwärmt wurde).
Muskelfaserriss, Muskelriss	Einzelne Muskelfasern oder ganze Muskeln reißen bei Überdehnung.
Bänderdehnung	Entsteht häufig beim Umknicken des Gelenks. Der Gelenkkopf springt kurzfristig aus der Gelenkpfanne, springt aber in seine ursprüngliche Lage zurück. Dabei werden die Gelenkbänder übermäßig gedehnt.
Verstauchung	Ähnlich wie Bänderdehnung, dabei wird aber auch die Gelenkkapsel verletzt.
Ausrenkung eines Gelenks	Ähnlich wie Bänderdehnung, der Gelenkkopf kehrt aber nicht in die Gelenkpfanne zurück.
Bänderriss	Bei der Überdehnung werden die Gelenkbänder so stark gedehnt, dass sie reißen.
Knorpelschaden	Dieser liegt vor, wenn der Gelenkknorpel durch falsche Belastung einreißt oder abgerieben wird.
Einfacher Knochenbruch	Durch äußere Gewalteinwirkung bricht der Knochen. Das umliegende Gewebe bleibt intakt.
Komplizierter Knochenbruch	Knochenbruch, bei dem auch Muskeln, Nerven und Blutgefäße beschädigt sind.
Haltungsschwächen, Haltungsschäden	Können an verschiedenen Körperteilen auftreten, häufig ist die Wirbelsäule betroffen. Durch Bewegungsmangel oder dauerhafte Fehlbelastungen können z.B. Rundrücken, Hohlrücken oder seitliche Verkrümmungen auftreten.

6.5 Fit durch Bewegung

Gründe für sportliche Betätigung Körperliche Bewegung macht Spaß, hält fit und bringt Anerkennung	1	Abb. 1
Positive Auswirkungen eines regelmäßigen Bewegungstrainings Auswirkungen des Bewegungsmangels	1	
Sport ist eine beliebte Freizeitbeschäftigung bei Kindern und Jugendlichen	2	Abb. 2
Welche Sportarten fördern welche körperlichen Fähigkeiten?	3	Abb. 1
Bedeutung der körperlichen Fähigkeiten bei den Vorfahren des heutigen Menschen	4	

1

Mögliche Vermutungen (Beispiele):

Mädchen:
- es ist sehr warm
- es macht großen Spaß, durch die Wasserstrahlen zu springen

alte Frau:
- sie möchte gesund und fit bleiben
- Schwimmen stärkt Herz und Kreislauf und schont die Gelenke
- Bewegung macht Spaß

Rollstuhlfahrer:
- auch behinderte Menschen können großartige Leistungen vollbringen
- Streben nach Anerkennung
- es macht Spaß, seine Leistungen mit anderen zu vergleichen

Fußballer:
- Fußball spielen macht Spaß
- es macht Spaß, mit anderen (evtl. Freunde, Klassenkameraden) gemeinsam Sport zu treiben
- ein Ballspiel macht mehr Spaß als eine Einzelsportart
- ich möchte später Profi-Fußballer werden

2

a) Im Jahr 2002 sind die beliebtesten Freizeitbeschäftigungen Musik hören, sich mit Leuten treffen, Fernsehen und Sport (Vereinssport und Freizeitsport zusammengenommen). 2006 ist dies immer noch so, auch wenn sich die Häufigkeiten leicht verringert haben, dafür ist das Surfen im Internet auffällig öfter eine genannte Freizeitbeschäftigung. Neben diesen Aktivitäten sind Partys und Bücher lesen beliebte Freizeitbeschäftigung. Im Jahr 2006 sind zudem DVDs (und Video) im Vergleich zu 2002 beliebter geworden.
b) In der Befragung ist Sport eine beliebte Freizeitbeschäftigung, sowohl Vereinssport als auch Freizeitsport werden recht häufig genannt. Auf einzelne Altersgruppen bezogen können eventuell weitere Differenzierungen gemacht werden.

3

Aerobic	Ausdauer, Beweglichkeit
Basketball	Schnelligkeit, Kraft, Ausdauer
Bergwandern	Ausdauer, Kraft
Eislaufen	Beweglichkeit, Kraft
Fußball	Ausdauer, Schnelligkeit, Kraft
Gymnastik	Beweglichkeit
Jogging	Ausdauer
Radfahren	Ausdauer, Schnelligkeit, Kraft
Schwimmen	Schnelligkeit, Ausdauer, Kraft (abhängig von der Streckenlänge)
Skilanglauf	Ausdauer, Kraft, Schnelligkeit
Squash	Schnelligkeit, Kraft, Ausdauer
Tanzen	Beweglichkeit, Ausdauer
Tennis	Schnelligkeit, Kraft, Ausdauer
Tischtennis	Schnelligkeit, Kraft, Ausdauer
Wandern	Ausdauer

4

Mögliche Situationen:
Ausdauer: Jagd von Tieren, Flucht vor Raubtieren, Nahrungssuche auf den Streifzügen, Suche nach geeignetem Lebensraum

Schnelligkeit: Jagd von Tieren, Flucht vor Raubtieren oder Rivalen
Kraft: Erlegen größerer Tiere, Kampf gegen Raubtiere, Kampf gegen verfeindete Sippen, Tragen von Lasten, Herstellen von Werkzeugen
Beweglichkeit: Kampf gegen Tiere oder Feinde, Klettern auf Bäume oder Felsen

7 Atmung und Blutkreislauf

7.1 Eigenschaften und Zusammensetzung der Luft

Eigenschaften und Zusammensetzung der Luft, Steckbrief Luft	1 2 Abb. 2
Stoffe bestehen aus kleinen Bausteinen Überprüfung	3 5 Abb. 1,6
Atemvolumen bestimmen	4 Abb. 4,5
Nachweis von Kohlenstoffdioxid	6 Abb. 7

1

Umgibt die Erdoberfläche. Ist für Menschen und andere Lebewesen lebensnotwendig.
Gemisch aus Gasen, v.a. Stickstoff und Sauerstoff, wenig Kohlenstoffdioxid u.a. Farb-, geruchs- und geschmacklos.
Hat Masse und übt Gewichtskraft aus (=Luftdruck).

2

siehe Abb. 4, Aufgabe 4b

3

Atom: Atome sind die kleinsten Bausteine, aus denen alle Stoffe zusammengesetzt sind (z.B. ein Atom Sauerstoff).
Element: Ein Element ist ein Stoff, den man chemisch nicht mehr in andere Stoffe zerlegen kann (z.B. O, C).
Molekül: Ein Molekül ist aus zwei oder mehreren Atomen der gleichen oder unterschiedlicher Elemente zusammengesetzt (z.B. O_2, CO_2).

4

a) Neugeborene:
Pro Min.: 900 ml = 900 cm^3 = 0,9 dm^3 = 0,0009 m^3
Pro Std.: 5400 ml = 5400 cm^3 = 5,4 dm^3 = 0,0054 m^3
Kinder 2–3 Jahre:
Pro Min.: 2928 ml = 2928 cm^3 = 2,928 dm^3 = 0,002928 m^3
Pro Std.: 175680 ml = 175680 cm^3 = 175,680 dm^3 = 0,175680 m^3
Jungen, 12 Jahre:
Pro Min.: 4880 ml = 4880 cm^3 = 4,880 dm^3 = 0,004880 m^3
Pro Std.: 292800 ml = 292800 cm^3 = 292,800 dm^3 = 0,292800 m^3
Mädchen, 12 Jahre:
Pro Min.: 4624 ml = 4624 cm^3 = 4,624 dm^3 = 0,004624 m^3
Pro Std.: 277440 ml = 277440 cm^3 = 277,440 dm^3 = 0,277440 m^3
b) Eine Wanne wird mit Wasser gefüllt. Ein unten offenes Gefäß, auch mit Wasser gefüllt, wird so in die Wanne gestellt, dass das Wasser nicht ausläuft. Mit einem Gummischlauch, der in das Gefäß führt, wird nun Luft hineingeblasen. Die Luft verdrängt Wasser aus dem Gefäß und der Wasserspiegel im Gefäß sinkt. So kann man messen, dass Luft Raum einnimmt und wieviel.

5

Luft ist ein Gasgemisch aus verschiedenen Stoffen:
- vielen Stickstoff-Molekülen, die je aus zwei Atomen Stickstoff (grün) bestehen (N_2)
- etwas weniger Sauerstoff-Molekülen, die je aus zwei Atomen Sauerstoff (rot) bestehen (O_2) und
- sehr wenigen Kohlenstoffdioxid-Molekülen, die aus einem Atom Kohlenstoff (schwarz) und zwei Atomen Sauerstoff (rot) bestehen (CO_2)

6

a)

–

b) Luft in ein Gefäß mit Kalklauge pumpen – es tritt keine oder sehr wenig Trübung auf.
Durch einen Schlauch Atemluft in ein Gefäß blasen – es tritt Trübung auf, weil die Ausatmungsluft mehr Kohlenstoffdioxid enthält.

7.2 Wie wir ein- und ausatmen

Weg der Einatmungsluft	1 Abb. 1
Ein- und Ausatmen, Atmungsmuskulatur	2 Abb. 2
Modelle zum Ein- und Ausatmen	3 Abb. 3
Atmen und Sprechen	4 Abb. 4

1

Nase => Nasenhöhle => Rachen => Luftröhre => Bronchien des rechten und linken Lungenflügels => Lungenbläschen

2

Einatmen: Das Zwerchfell flacht sich ab, sodass sich der Brustraum erweitert, außerdem ziehen sich die Zwischenrippenmuskeln zusammen und heben die Rippen an. Durch die Erweiterung des Brustraums strömt Luft in die Lunge.

Ausatmen: Zwerchfell und Zwischenrippenmuskulatur entspannen sich, der Brustraum verkleinert sich und Luft strömt aus.

3

c) entspricht der Abflachung des Zwerchfells beim Einatmungsvorgang, wodurch Luft in die Lunge ‚gesaugt' wird und diese sich weitet.
d) entspricht dem Vorgang beim Ausatmen, bei dem sich das Zwerchfell entspannt und Luft aus der Lunge ausströmt.
e) entspricht dem Anheben der Rippen durch die Zwischenrippenmuskulatur beim Einatmen. Dadurch vergrößert sich der Brustraum und Luft strömt ein.
f) entspricht dem Absenken der Rippen durch Entspannung der Zwischenrippenmuskulatur beim Ausatmen, Luft strömt aus.
Anmerkung: Ausatmen ist ein passiver Vorgang und nicht wie beim Zusammendrücken des Blasebalgs mit Kraftaufwand verbunden.

4

Beschreibung: siehe Abb. 4
Beobachtung: Einatmen vor dem Sprechen (= Ausatmen), Pausen zum Luftholen, z.B. zwischen Sätzen

---

7.3 Gasaustausch in der Lunge

Sauerstoffbedarf bei verschiedenen Tätigkeiten	1 5 Abb. 1,4
Gasaustausch in den Lungenbläschen Große Atmungsoberfläche	2 7 Abb. 2,6
Kohlenstoffdioxid in der Ein- und Ausatmungsluft (exp.)	3
Vergleich von Ein- und Ausatmungsluft	4 Abb. 3
Kohlenstoffdioxid im Klassenraum	6 Abb. 5

1

a: Schwimmer, der nach Luft schnappt; b: Junge, der beim Hausaufgaben machen gähnt.
Der Schwimmer benötigt viel Sauerstoff, zwischen den Schwimmzügen holt er tief Luft. Der Junge wird beim Hausaufgaben machen müde, auch er braucht mehr

Sauerstoff. Beim Gähnen holt man Luft, es kann ein Zeichen von Mangel an Sauerstoff sein.

2

Die Wand der Lungenbläschen ist sehr dünn und umgeben von feinen Lungenkapillaren, durch die Blut fließt. Die eingeatmete Luft enthält viel Sauerstoff, das ankommende Blut wenig. Dieser Unterschied bewirkt, dass in den Lungenbläschen der Sauerstoff aus der Atemluft durch die Wand des Lungenbläschens in das Blut übertritt. Gleichzeitig wird Kohlenstoffdioxid, das im Blut viel vorhanden ist, an die Luft abgegeben. Es findet also ein Gasaustausch statt.

3

Kap. 18.1, Aufgabe 6

4

In der Einatmungsluft sind 78 % Stickstoff, 21 % Sauerstoff, 0,09 % Kohlenstoffdioxid und 1% andere Gase vorhanden. In der Ausatmungsluft ist der Stickstoffanteil und der Anteil anderer Gase gleich, aber der Sauerstoffanteil ist auf 17% gesunken und der Kohlenstoffdioxidgehalt auf 4% gestiegen. Dies kommt daher, dass in der Lunge der Luft Sauerstoff entzogen und in das Blut aufgenommen wird und Kohlenstoffdioxid aus dem Blut in die Luft abgegeben wird.

5

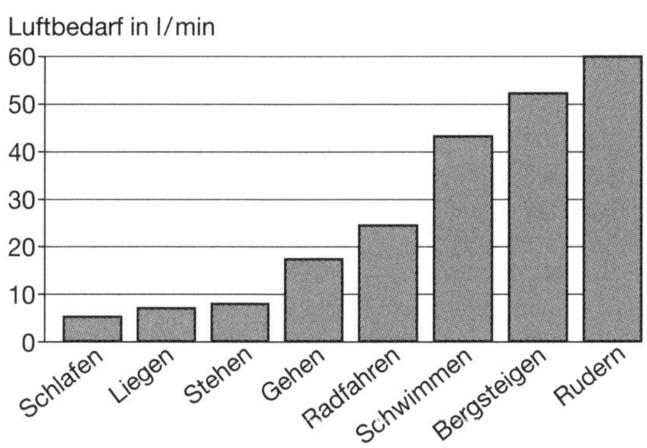

Beim Schlafen ist der Luftbedarf am niedrigsten (5 l/Min), auch beim Liegen und Stehen ist er noch sehr gering (< 10 l/Min). Wenn man sich bewegt, steigt der Luftbedarf: beim Gehen liegt er bei 17 l/Min. Wenn man Sport macht, steigt der Luftbedarf weiter an, dabei braucht man beim Radfahren relativ wenig Luft (24 l/Min) und beim Rudern am meisten (60 l/Min). Schwimmen (43 l/Min) und Bergsteigen (52 l/Min) liegen dazwischen.

In Ruhe benötigt man wenig Luft, weil man wenig Energie braucht und deshalb der Sauerstoffbedarf niedrig ist. Bei körperlicher Anstrengung steigt der Energie- und damit Luftbedarf. Beim Bergsteigen kommt hinzu, dass in großer Höhe die Luft „dünn" wird und pro Liter weniger Sauerstoff enthält.

6

Früh am morgen ist der Kohlenstoffdioxidgehalt im Klassenzimmer niedrig (< 0,1%). Nachdem die Schule begonnen und viele SchülerInnen im Klassenraum atmen, steigt der CO_2-Gehalt deutlich an, weil die Ausatmungsluft viel CO_2 enthält. Während der 1. großen Pause ist der Raum leer und frische, CO_2-arme Luft kommt hinein, sodass der CO_2-Gehalt wieder etwas sinkt, allerdings nicht bis auf den Ursprungswert. Während der nächsten Schulstunden steigt der Kohlenstoffdioxidgehalt wieder an, weil im Raum geatmet wird und in der nächsten Pause kommt es zu einem erneuten Abfall der CO_2-Konzentration (aus obigem Grund). In den letzten Schulstunden ist der Kohlenstoffdioxidgehalt im Klassenzimmer sehr hoch (max.: fast 0,7%) und erst nach Schulschluss, wenn keiner mehr im Raum atmet, sinkt er wieder auf die ursprüngliche Konzentration.

Um solche hohen CO_2-Konzentrationen (und gleichzeitig ja niedrige Sauerstoffkonzentrationen) zu verhindern, sollte man regelmäßig auch zwischen den großen Pause lüften.

7

- Eine große Oberfläche der Lungenbläschen hat den Vorteil, dass viele Moleküle Sauerstoff gleichzeitig an verschiedenen Stellen aus der Lunge in das Blut übertreten können (und genauso CO_2 aus dem Blut in die Luft abgegeben wird). Der Gasaustausch pro Zeit ist hoch.
- Am Hamburger Hafen werden auch Stoffe ausgetauscht, ein- und ausgeladen. Auch hier ist die Menge, die an einem Ort in einer bestimmten Zeit ausgetauscht werden kann, begrenzt. Deshalb wird die Fläche erhöht und der Hafen ist so groß.

7.4 Zusammensetzung des Blutes

Zusammensetzung des Blutes	**3** Abb. 1–5

Berechnungen mit der Dreisatzmethode (fachübergreifend Mathematik)	**1**

Berechnungen mithilfe des Vergrößerungsmaßstabs	**2** Abb. 1–4

M Der Dreisatz

1

a) Umrechnung: 1 cm^3 = 1.000 mm^3 (Volumen des Würfels mit 1 cm Kantenlänge)

Rote Blutkörperchen:

1 mm^3 ≙ 5 Mio rote Blutkörperchen

1.000 mm^3 ≙ 1.000 x 5 Mio = 5.000 Mio = 5 Mrd = 5.000.000.000 rote Blutkörperchen

Weiße Blutkörperchen:

1 mm^3 ≙ 800 weiße Blutkörperchen

1.000 mm^3 ≙ 1.000 x 800 = 800.000 weiße Blutkörperchen

Blutplättchen:

1 mm^3 ≙ 250.000 Blutplättchen

1.000 mm^3 ≙ 1.000 x 250.000 = 250.000.000 = 250 Mio Blutplättchen

b) Umrechnung: 1 l = 1.000 cm^3 = 1.000.000 mm^3

5 l = 5.000 cm^3 = 5.000.000 mm^3

1 mm^3 ≙ 5 Mio rote Blutkörperchen

5.000.000 mm^3 = 5 Mio x 5.000.000 = 25.000.000 Mio = 25.000 Mrd = 25 Billionen rote Blutkörperchen

c) 10 ml Blut ≙ 7 mg Blutzucker

1 ml Blut ≙ 7 mg Blutzucker : 10 = 0,7 mg Blutzucker

100 ml Blut ≙ 0,7 mg · 100 = 70 mg Blutzucker

d) nach 17 Min: noch 375 ml, also sind schon 125 ml durchgelaufen

125 ml Zuckerlösung ≙ 17 Min

1 ml Zuckerlösung ≙ 17 Min : 125 = 0,136 Min (1 ml braucht 0,136 Min Durchlaufzeit)

375 ml Zuckerlösung ≙ 375 x 0,136 Min = 51 Min

Er muss noch 51 Minuten warten, bis die Restlösung (375-ml) durchgelaufen ist.

e) 67 ml Blut ≙ 14 ml Sauerstoff

1 ml Blut ≙ 14 ml Sauerstoff : 67 ≈ 0,209 ml

1.000 ml Blut ≙ (14 ml Sauerstoff : 67) x 1.000 = 209 ml Sauerstoff

2

Rote Blutkörperchen: 2,2 cm: 3.000 = 0,00074 cm

Weiße Blutkörperchen: 2,5 cm: 2.500 = 0,001 cm

Blutplättchen: 0,8 cm: 2.500 = 0,00032 cm

Blutzellen	Durchmesser in cm
Rote Blutkörperchen	0,00074
Weiße Blutkörperchen	0.001
Blutplättchen	0,00032

3

1. Möglichkeit: 55 ml Blutkörperchen pro 100 ml Gesamtflüssigkeit
2. Möglichkeit: 0,55 ml Blutkörperchen pro ml Gesamtflüssigkeit
3. Möglichkeit: 550 ml Blutkörperchen pro Liter Gesamtflüssigkeit
4. Möglichkeit: 55% Blutkörperchen

7.5 Aufgaben des Blutes

Überblick zu den Aufgaben der Blutbestandteile	1 Abb. 1–3

Rote Blutzellen und Sauerstofftransport	2 Abb. 2

Wärmetransport mit dem Blut	4 Abb. 5,6

Exkurs: Körpergröße und Wärmehaushalt gleichwarmer Tiere Verhältnis von Oberfläche und Volumen	3 4 Abb. 6,7

1

Blutbestandteil	Aufgaben
Blutplasma	Transport von Glucose, Aminosäuren, Vitaminen, Salzen u. a. (in gelöster Form) Transport von Wärme
Rote Blutkörperchen	Transport von Sauerstoff von der Lunge zu den Zellen des Körpers Transport von Kohlenstoffdioxid vom Körper in die Lunge
Weiße Blutkörperchen	Abwehr von Krankheitserregern
Blutplättchen	Blutgerinnung (zusammen mit gelösten Eiweißstoffen)

2

In 4.000 m Höhe ist die Sauerstoffkonzentration der Atemluft relativ gering.
Wenn die Tiere in dieser Höhe einatmen, befindet sich in der Lunge relativ wenig Sauerstoff. Um zu gewährleisten, dass möglichst viel von diesem Sauerstoff vom Blut aufgenommen werden kann, müssen möglichst viele rote Blutkörperchen zum Abtransport zur Verfügung stehen. Wenn die Anzahl der roten Blutkörperchen geringer wäre, würde ein größerer Teil des in der Lunge befindlichen Sauerstoffs wieder ausgeatmet werden.

3

a) Maus: 9.500.000 Rote Blutkörperchen/mm^3
Erdkröte: 380.000 Rote Blutkörperchen/mm^3
Die Maus ist wie alle Säugetiere ein gleichwarmes Tier, die Erdkröte wie alle Amphibien ein wechselwarmes.
Die Produktion von Wärme benötigt einen hohen Energieaufwand. Die Energie wird durch Zellatmung bereitgestellt. Diese benötigt Sauerstoff, der über die roten Blutkörperchen antransportiert wird. Gleichzeitig erfolgt ein Abtransport des Kohlenstoffdioxids über die roten Blutkörperchen.
b) Die Oberfläche eines Elefanten in Relation zu seinem Körpergewicht ist wesentlich geringer als die Oberfläche einer Maus. Eine Maus gibt also pro Gramm Körpermasse mehr Wärmeenergie an die Umgebung ab als ein Elefant. Deshalb muss die Maus mehr Wärmeenergie pro Gramm Körpermasse durch Zellatmung produzieren und benötigt deshalb entsprechend mehr Sauerstoff.
Der höhere Energieverbrauch von den vier freistehenden Einzelhäusern resultiert aus der höheren Gesamtoberfläche im Vergleich zu einem Reihenhaus mit gleichem Gesamtvolumen.

4

Beim Menschen finden meist alle 3 Arten des Wärmtransports statt:
Wärmestrahlung: Hinweis auf die Beobachtung, dass Räume, in denen sich viele Menschen aufhalten häufig überhitzt sind, z.B. Klassenräume, U-Bahnen.
Luftströmung: Hinweis auf die Beobachtung, dass man bei Zugluft schneller auskühlt und friert, als bei Windstille.
Wärmeleitung: Wärmeleitung kann nur stattfinden, wenn der Mensch Kontakt zu einem Gegenstand hat, der die Körperwärme ableiten kann. Diese Erfahrung hat schon jeder gemacht, der z.B. auf einer kalten Steinbank gesessen hat.

7.6 Blutkreislauf

Überblick zum Blutkreislauf	4 Abb. 1,2,4
Stationen im Verlauf eines kompletten Durchgangs des Körper- und Lungenkreislaufs	1 Abb. 2
Sauerstoff-, Kohlenstoffdioxid- und Nährstoff-Transport im Blutkreislauf	2 Abb. 1
Blutfluss und Schwerkraft	3 Abb. 3
Berechnungen zur Geschwindigkeit des Blutflusses	5 Abb. 5

1

Linke Herzhälfte (1) → Arterien (2) → Körper (Kopf, Arme, Beine, Darm, Leber) → Kapillaren (3 und 7) → Venen (4) → rechte Herzhälfte (5) → Lungenkapillaren (6) → linke Herzhälfte

2

Standort 1: zwischen linker Herzhälfte und Verdauungsorganen, z.B. Aorta
Standort 2: zwischen Verdauungsorganen und rechter Herzhälfte, z.B. Pfortader
Standort 3: zwischen Körper und rechter Herzhälfte, z.B. Beinvene

3

Beobachtung: Die nach oben gehaltene Hand ist wesentlich heller als die andere; die Adern sind weniger deutlich zu sehen.
Erklärung: Das Blut der nach oben gehaltenen Hand kann ohne Pumparbeit des Herzens zum Herz hin „ablaufen". Dies geschieht offensichtlich relativ vollständig. Außerdem ist es für das Herz natürlich schwieriger, Blut gegen die Schwerkraft nach oben in die Hand zu pumpen, sodass auch der „Blutnachschub" erschwert ist.
Das Blut aus der anderen Hand muss dagegen gegen die Schwerkraft nach oben gepumpt werden. Gleichzeitig kann das Blut vom Herzen kommend in den Arm fließen.

4

Auf der Zungenunterseite lassen sich in vielen Fällen bereits ohne Vergrößerungsglas hellrote Arterien und dunkelrote Venen erkennen. Nach Vergrößerung mithilfe eines Vergrößerungsglases sind häufig Verzweigungen erkennbar, besonders bei den dunkleren, besser erkennbaren Venen.

7.7 Anpassung an körperliche Anstrengungen

Körperliche Veränderungen bei Anstrengungen (Atmung, Herzschlag, Durchblutung, Schwitzen)	Abb. 1–3
Veränderungen bei körperlichen Anstrengungen als Anpassungen deuten (Sauerstoff- und Nährstoffversorgung)	
Herzschlagfrequenz bei körperlicher Anstrengung	1 Abb. 4,5
Wirkung von Ausdauertraining, Lauftagebuch	2 Abb. 6

1

a)

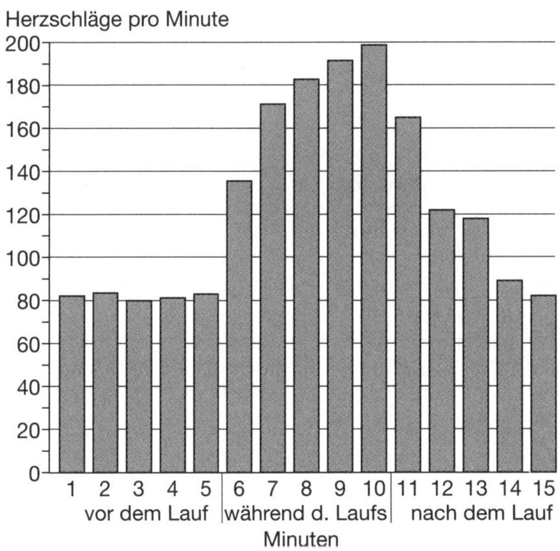

Informationen aus dem Diagramm:

- Vor dem Lauf hat Clarissa einen relativ konstanten Puls von ca. 82 Pulsschlägen pro Minute (Ruhepuls).
- Während des Laufs steigt der Puls kontinuierlich auf einen Maximalwert von 191 Schläge/Minute an.
- Nach Ende des Laufs geht der Puls wieder zurück und hat nach einer Erholungsphase von 5 Minuten wieder ca. 82 Pulsschläge pro Minute erreicht (Erholungspuls).

b)

Gepumpte Blutmenge:

- in den 5 Minuten vor dem Lauf:
  82 + 84 + 80 + 81 + 84 = 411 Herzschläge
  411 x 60 ml = 24660 ml = 24,660 l
- in den 5 Minuten während des Laufs:
  137 + 171 + 182 + 191 + 199 = 880 Herzschläge
  880 x 60 ml = 52800 ml = 52,800 l
- in den 5 Minuten nach dem Lauf:
  166 + 122 + 119 + 90 + 82 = 579 Herzschläge
  579 x 60 ml = 34740 ml = 34,740 l

2

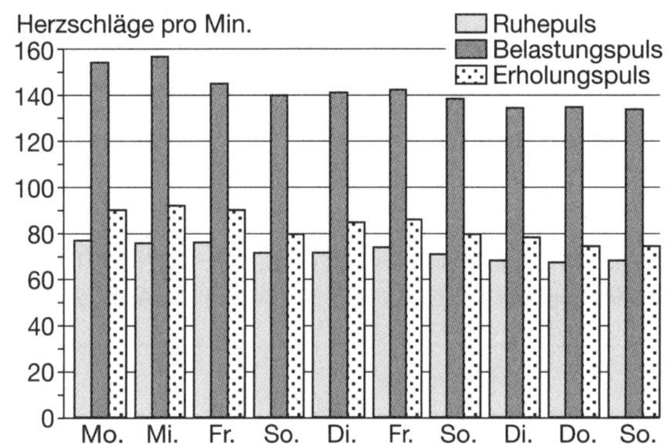

Im Laufe des Ausdauertrainings werden sowohl Ruhe-, Belastungs- als auch Erholungspuls niedriger. Das Training stärkt offensichtlich das Herz-Kreislaufsystem; nicht nur während der Belastung schlägt das Herz effektiver, auch in Ruhe ist es ruhiger.

3

Regulation: Viele Zustände und Vorgänge im Körper eines Lebewesen werden geregelt. Dadurch werden die Bedingungen im Körper annährend stabil. Die Körpertemperatur des Menschen ist ein Beispiel für Regulation.

Wechselwirkungen: Kein Lebewesen lebt völlig abgesondert. Jedes Lebewesen hat Wirkungen auf seine Umwelt und die Umwelt wirkt auf das Lebewesen. Ein Lebewesen kann Wirkungen auf ein anderes Lebewesen haben und umgekehrt. Aber auch im Körper eines Lebewesens gibt es Wechselwirkungen zwischen verschiedenen Körperteilen.

Stoffe + Energie: Lebewesen nehmen Stoffe aus der Umgebung auf, wandeln sie um und geben Stoffe an die Umgebung ab. Manche Stoffe enthalten viel nutzbare

Energie. Energie ist für alle Lebensvorgänge unbedingt notwendig.
Bei körperlicher Anstrengung benötigen wir, besonders für die Muskelzellen, vermehrt Sauerstoff um aus Glucose Energie freizusetzen (Stoff + Energie). Durch die Muskeltätigkeit entsteht Wärme, u. a. durch Schweißabgabe versucht der Körper sich vor Überhitzung zu schützen (Regulation). Wechselwirkungen im Körper bei erhöhter körperlicher Anstrengung sind z. B. der erhöhte Herzschlag, die schnelle Atmung. Auch die Wirkung von Ausdauertraining steht in Wechselwirkung zu den dadurch hervorgerufenen körperlichen Veränderungen.

7.8 Zusammenwirken der Organe

System: Zusammenwirken mehrerer Organe	Abb. 1
Stoffwechsel: Bau- und Energiestoffwechsel	2 Abb. 2
Modell zum Stoffwechsel(-system) des Menschen	1a,b Abb. 2–4

1

a)

Produktionssystem Fabrik	menschlicher Stoffwechsel
Lieferung von Rohstoffen und Wasser	Nahrungs- und Wasseraufnahme
Verarbeitung der Rohstoffe in Fabrikgebäude zu fabrikeigenen Produkten und Energie	Verarbeitung der Nahrung im Körper zu körpereigenen Stoffen und Energie
Reinigung des Blutes durch die Niere Ausscheidung	Reinigung der flüssigen Abfallstoffe durch Filteranlage.
Ausscheidung der überschüssigen Flüssigkeit durch Ableitung	über Harnblase und Schweißdrüse
Energiegewinnung in eigenem Kraftwerk	Energiegewinnung in jeder Körperzelle
Ausscheidung der Abgase über Kamin	Ausscheidung von Kohlendioxid über die Lunge
Ausscheidung fester Abfallstoffe über Förderbänder und LKW	Ausscheidung fester Abfallstoffe über Enddarm
Aufnahme der Verbrennungsluft mit Hilfe eines Gebläses und Rohrleitung	Aufnahme der Atemluft über Lunge

b)

Technik: Motoren, Klima- und Heizanlagen…
Biologie: Ökosysteme, Rangordnungen, versch. Organsysteme…
Gesellschaft: Schulsysteme, Regierungssysteme, Verwaltungssysteme, Spielsysteme im Mannschaftssport.

2

Stoffaufnahme: Lunge, Magen und Darm
Stofftransport: Blut
Stoffumbau: bereits im Schema
Stoffabgabe: Lunge, Niere, Haut, Enddarm

8 Drogensucht

8.1 Sucht und Drogen

Merkmale von Drogen- und Verhaltenssüchten	4 Abb. 1
Umgang mit Alltagsproblemen	1 2 Abb. 2
Wie fühlt sich ein Süchtiger?	3 Abb. 3

1

a) Es sind verschiedene Antworten möglich. Wichtig ist, dass die Schüler zum Nachdenken über ihr eigenes Verhalten angeregt werden.

b) Auch hier stehen nicht bestimmte Antworten im Vordergrund, sondern die gemeinsame Suche nach alternativen Handlungsweisen. Hierzu können z. B. gehören: Fußball spielen, Musik machen, sich mit Freunden treffen oder bei Projekten von Greenpeace, DRK usw. mitmachen.

2

Ausweichendes Verhalten meint das Vermeiden der direkten Auseinandersetzung mit zum Teil ganz alltäglichen Problemen, wie z. B. dem Erledigen der Hausaufgaben oder dem Aufräumen des Zimmers.

Sucht ist immer auch mit ausweichendem Verhalten verbunden. Es gibt viele Wege, Alltagsproblemen aus dem Weg zu gehen (vgl. 1a). Wer nicht lernt, dass man auch unangenehme Situationen durchstehen kann oder dass Streit zwischen Menschen manchmal notwendig und gewinnbringend sein kann, wird eher versuchen Problemen auszuweichen als jemand, der bereits früh in der direkten Auseinandersetzung mit Alltagsproblemen ein Verhaltensrepertoire entwickeln kann, mit dem er der Realität später sachlich und angemessen begegnen kann.

3

In diesem Text geht es vor allem um das mangelnde Selbstwertgefühl eines Drogenabhängigen. Der Abhängige empfindet aufgrund seines Kontrollverlustes, also der Unfähigkeit mit dem Trinken aufzuhören, eine wachsende Unfreiheit, die ihm anderen Menschen gegenüber peinlich ist. Er versucht zu verdrängen und den Kontakt mit anderen Menschen zu meiden. Die Folge ist eine zunehmende soziale Isolation, aus der er ohne Hilfe von außen kaum noch in die Gesellschaft zurückkehren kann.

4

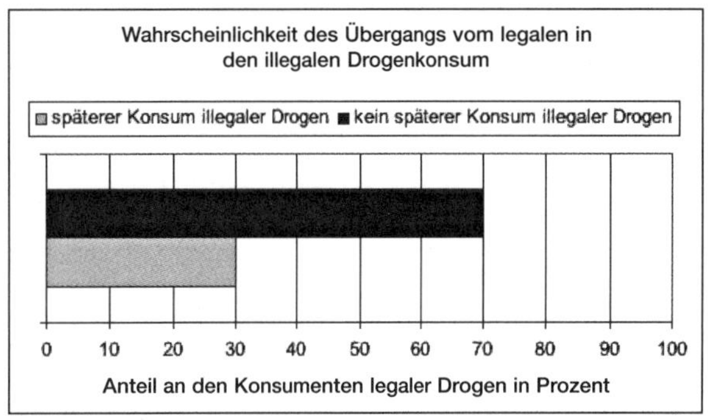

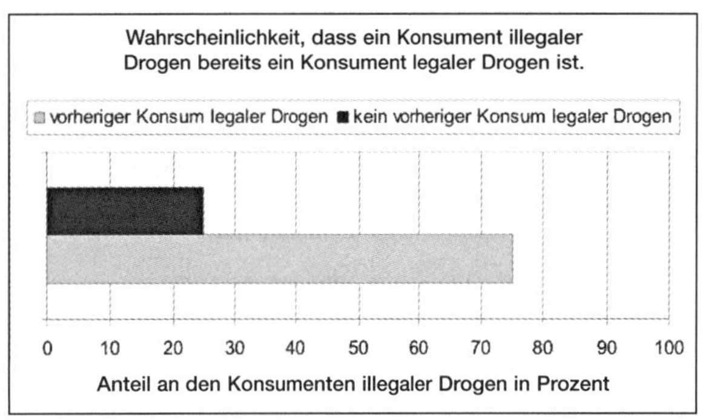

Es wird deutlich, dass der Konsum legaler Drogen neben dem Risiko der körperlichen und seelischen Abhängigkeit weitere Risiken birgt. Denn über 70 Prozent der Konsumenten illegaler Drogen sind über legale zu den illegalen Drogen gekommen. Legale Drogen wie Nikotin und Alkohol werden deshalb auch als Einstiegsdrogen bezeichnet. Sie sind die „Türöffner" für illegale Drogen.

8.2 Alkohol

Alkoholkonsum in unserer Gesellschaft
Gesetzliche Vorschriften zum Alkoholverkauf — 3 Abb. 3
Alkohol ist eine Droge!
Entwicklung einer Alkoholabhängigkeit, Körperliche, seelische und soziale Folgen der Alkoholabhängigkeit — 1 Abb. 1,2
Alkohol und Gruppenzwang — 2

1

C – A – D – B

Körperliche Folgen der Alkoholabhängigkeit: siehe Abb. 1; unter anderem: Absterben von Gehirnzellen (Gedächtnisstörungen, Zittern etc.), Leberschäden, Magen- und Darmbeschwerden, Herzschwäche, Bluthochdruck.

Soziale Folgen: Vernachlässigung von Beziehungen zu Familie und Freunden, Verlust der Arbeitsstelle

Seelische Folgen: Stimmungsschwankungen, Aggressivität, Interesselosigkeit, Verfall der Persönlichkeit, nervliche und seelische Zusammenbrüche

2

–

3

	13 Jahre	16 Jahre	18 Jahre
Abgabe von Getränken oder Lebensmitteln, die Branntwein in nicht nur geringfügiger Menge enthalten (z. B. Schnaps), in Gaststätten und öffentlichen Verkaufsstellen	verboten	verboten	erlaubt
Abgabe und Verzehr von anderen alkoholischen Getränken (z. B. Bier) in Gaststätten und öffentlichen Verkaufsstellen	verboten	erlaubt	erlaubt
Abgabe von alkoholhaltigen Süßgetränken (Alkopops)	verboten	verboten	erlaubt

8.3 Tabak

Stoffe im Tabakrauch (Teerstoffe, Kohlenstoffmonooxid, Nikotin)	1 Abb. 1,2
Wirkungen des Nikotin	3 Abb. 3,4
Rauchertypen	4
Kosten des Rauchens	2

1

Das Papiertaschentuch wirkt wie ein Filter, es hält die Teerstoffe des Tabakrauches fest. Aus der Beobachtung, dass auf dem Taschentuch nach einem Lungenzug weniger Teerstoffe erkennbar sind, ergibt sich die Folge, dass diese in der Lunge verblieben sein müssen.

2

a) € 4.– x 365 x 10 = € 14.600 (€ 29.200,–)
b) € 2.– x 365 x 10 = € 7.300 (€ 14.600,–)
c) € 4.– x 52 x 10 = € 2.080 (€ 4.160,–)

3

Abb. 3:
Linke Grafik: ca. 8 min nach Zigarettenkonsum erfolgt eine Temperaturabsenkung der Fingerspitzen um ca. 3 °C. Nach weiteren ca. 10 min steigt die Temperatur wieder auf den Normalwert an. Begründung: Verengung der Blutgefäße durch Nikotin, schlechterer Wärmetransport.
Rechte Grafik: Vor dem Rauchen schwankt der Puls leicht um etwa 73 Schläge/Min. Nach dem Rauchen steigt der Puls erheblich an, von 73 auf knapp 90 Schläge pro Min. Nach weiteren 20 min ist der Ausgangspuls noch nicht wieder erreicht.
Rauchen erhöht die Häufigkeit des Herzschlages.

Abb. 4:
Vor dem Rauchen ist die gesamte Handfläche relativ gleich warm und die Finger sind auf dem Wärmebild gut zu erkennen. Schon nach drei Lungenzügen beim Zigarettenkonsum sind die Finger auf dem Wärmebild kaum noch zu erkennen, sie haben sich deutlich abgekühlt. Nach sechs Lungenzügen hat sich die Hand weiter abgekühlt und nur noch der innere Bereich der Handfläche ist warm genug, um auf dem Wärmebild sichtbar zu sein.
Begründung für Abkühlung: Verengung der Blutgefäße durch Nikotin, schlechterer Wärmetransport, die äußeren Bereiche (Finger) kühlen zuerst und stark ab.

4

a) Stress-Raucher: rauchen in Stresssituationen, um sich zu beruhigen, abzulenken, etwas zu tun zu haben. Empfehlung: Stress grundlegend abbauen / vermeiden, Entspannungsübungen.
b) Geselligkeits-Raucher: rauchen in Gesellschaft, mit Freunden, auf Partys. Empfehlung: versuchen, die gleiche Situation auch ohne Zigarette zu genießen, evtl. auch Freunde davon überzeugen, mit dem Rauchen aufzuhören.
c) Ablenkungsraucher: rauchen, um sich von Unangenehmem abzulenken und bei Unsicherheit. Empfehlung: Andere Handlung als Ablenkung aneignen, z.B. Kaugummi-Kauen, Sport.
d) Genuss-Raucher: rauchen selten und bewusst als Genussmittel. Empfehlung: andere Genussmittel als Ersatz. Sich die Konsequenzen dieses „kurzen Genießens“ bewusst machen.
e) Automatik-Raucher: rauchen aus Gewohnheit, automatisch. Empfehlung: Zigaretten schwerer zugänglich machen, damit der Griff zur Zigarette erschwert wird und aktiv getätigt werden muss.
f) Anspannungs-Raucher: rauchen unter Anspannung, in Stress-Situationen, ähnlich den Stress-Rauchern. Empfehlung: Entspannung üben, Stress abbauen.
g) Anregungs-Raucher: rauchen, weil sie es anregend finden, gegen Müdigkeit. Empfehlung: anhaltend anregende Tätigkeiten ausprobieren, mehr schlafen.
h) Schlanke-Linie-Raucher: rauchen, weil sie sich erhoffen, so an Körpergewicht abzunehmen bzw. nicht wieder zuzunehmen. Empfehlung: Abnehmen durch gesunde Ernährung und mehr Sport, sich die negativen Auswirkungen des Rauchens auf den Körper (auch schönheitsbezogen: Hautalterung etc.) bewusst machen, Unabhängigkeit von falschen Schönheits-/ Schlankheitsidealen.

9 Die Haut

9.1 Bau und Aufgaben der Haut

Aufbau der Haut, Überblick	Abb. 1
Bestimmung der Hautoberfläche	**1** Abb. 5
Aufgaben der Haut, Schutzfunktionen	**2** Abb. 1–4
Haut bei Hitze und Kälte (inkl. Modellversuch Verdunstungskälte)	**4** Abb. 3,6,7

1

a)

–

b)

–

c) Hautoberfläche einer 1,55 m großen Person, die 50 kg wiegt: 1,45 m^2
Hautoberfläche einer 1,55 m großen Person, die 35 kg wiegt: 1,25 m^2

2

Hautschicht	Bestandteil	Aufgaben
Oberhaut	Hornschicht	Schutz vor Umwelteinflüssen, bildet Hautleisten und macht die Haut rau und griffsicher
	Keimschicht	bildet neue Hornschicht
	Melanin	Pigment, das vor ultravioletter Strahlung schützt
Lederhaut	Schweißdrüsen	geben bei Überhitzung Schweiß ab und kühlen so den Körper
	Blutgefäße	Sauerstoffversorgung der Zellen, Wärmeregulation
	Talgdrüsen	geben fettiges Sekret ab, das die Oberhaut und die Haare geschmeidig und wasserundurchlässig macht
	Sinneszellen	Wahrnehmung von Wärme, Kälte, Schmerz und Druck
Unterhaut	Fettzellen	Fettspeicher, Wärmeisolation, Schutz vor Druck und Stößen

3

a) Ich könnte ausrasten, mich aufregen, die Kontrolle verlieren.
b) Er ist empfindlich, sensibel.
c) Sie kann nicht aus sich heraus, kann sich nicht anders geben als sie ist.
d) Es geht ihm gut in dieser Situation, er fühlt sich in seiner Rolle wohl.
e) Ich werde mich nicht verkaufen.
f) Ich habe Dich lieb, ich mag Dich.
g) Ich möchte jetzt nicht an seiner Stelle sein.

4

a) Hinweis: Wenn Wasser durch Verdunstung vom flüssigen in den gasförmigen Zustand (Wasserdampf) übergeht, wird der Umgebung Wärme entzogen. Die Temperatur im Wattebausch nimmt daher etwas ab.
b) Hinweis: Die Empfindung von Kühle beruht wie das Phänomen unter Aufgabe 4a auf Verdunstungskräfte. Beispiel: Bei einer Versuchsperson wurde mit einem digitalen Kontaktthermometer auf der Stirn die Haupttemperatur zu Versuchsbeginn (kein Schwitzen) und bei körperlichen Anstrengungen (Kniebeugen, Schweiß auf der Stirn) gemessen. Ergebnis: Zu Versuchsbeginn (ohne Schweiß auf der Stirn): 33 °C; 2 Minuten nach Beginn des Schwitzens: 32,8 °C; nach 4 Minuten (mit Schweiß auf der Stirn): 32,4 °C.

9.2 Pflege der Haut

Bestimmung des Hauttyps	1 a Abb. 1
UV-Strahlung und Lichtschutzfaktor bei Sonnenschutzmitteln	1 b,c Abb. 1
Exkurs: Modellversuch zur Wirkung von Sonnenschutzmittel (Langzeitversuch)	3 Abb. 2
Akne, regelmäßige Hautpflege	2

1

a) –

b) Beispiel: Hauttyp II, unschädliche Verweildauer in der Sonne:
- ohne Sonnenschutzmittel: 14 Min pro Tag.
- mit LSF 4: 56 Min pro Tag, d.h. fast 1 Std.
- mit LSF 8: 112 Min pro Tag, d.h. fast 2 Std.
- mit LSF 12: 168 Min pro Tag, d.h. ca. 2 $^3/_4$ Std.

c) Stärkere Sonnenstrahlung tritt auf:
- in Richtung des Äquators
- in höheren Lagen über dem Meeresspiegel
- im Sommer
- am Mittag
- wenn Wasser oder Schnee die Strahlung reflektieren
- bei wolkenlosem Himmel

2

Stichpunkte: Regelmäßiges Waschen des Gesichts und des Körpers mit einem milden Hautreinigungsmittel (keine Seife, trocknet aus); Gesichtshaut eventuell mit fetthaltiger Creme gegen Austrocknung schützen; beim Sonnenbaden Sonnenschutzmittel verwenden, Hände vor jedem Essen und nach jedem Gang zur Toilette gründlich mit Seife waschen, Füße nach dem Baden oder Duschen gut abtrocknen, um Fußpilz zu verhindern.

3

Versuchsdurchführung: 5 Stücke Zeitungspapier ausschneiden, 4 Objektträger darauf legen, davon 3 mit Sonnenschutzmitteln unterschiedlicher Stärke (z.B. LSF 6, 12, 20) bestreichen. Nach längerer Zeit im Sonnenlicht gilbt das Zeitungspapier. Der Einfluss von Glas und Sonnenschutzmittel auf das Vergilben des darunter liegenden Papiers kann verglichen werden.

M Basiskonzepte zum Thema „Bau und Leistungen des menschlichen Körpers"

–

10 Lebewesen bestehen aus Zellen

10.1 Lebewesen bestehen aus Zellen

–

10.2 Bau von Pflanzen- und Tierzellen

Aufbau von pflanzlichen und tierischen Zellen	Abb. 1, 2

Vergleich von tierischen und pflanzlichen Zellen	1 Abb. 1, 2

Zuordnung von Pflanzen- und Tierzellen an verschiedenen Beispielen	2 Abb. 3

Verhältnis von Oberfläche und Volumen bei Zellen	3 Abb. 4

1

Gemeinsamkeiten:	**Unterschiede:**
Zellmembran, Zellkern, Cytoplasma	Pflanzenzelle hat Zellwand, Chloroplasten, große Vakuole

2

a)

Bild a:	Bild b:	Bild c:
1. Zellwand	1. Zellwand	1. Zellmembran
2. Chloroplast	2. Zellkern	2. Cytoplasma
3. Zellkern	3. Cytoplasma	3. Zellkern
4. Zellmembran		
5. Cytoplasma		

b) Aufgrund des Vorhandenseins einer Zellwand in Bild a und b handelt es sich bei diesen Zellen um Pflanzenzellen. In Bild c fehlt die Zellwand. Außerdem sind in diesem Bild keine Chloroplasten zu erkennen. Deshalb handelt es sich um Tierzellen.

3

a)

	(a)	(b)	(c)
Gesamtoberfläche [cm^2]	6	150	750
Gesamtvolumen [cm^3]	1	125	125
Verhältnis	6	1,2	6

b) Jede Zelle muss mit verschiedenen Stoffen versorgt werden. Das Verhältnis zwischen Oberfläche und Volumen wird größer, je kleiner die Kantenlänge des Quaders ist. Bei dem kleinen Quader beträgt das Verhältnis zwischen Volumen und Oberfläche 6. Bei einer fünffachen Kantenlänge ist das Verhältnis viel geringer (1,2).
Unter diesen Umständen reichen zum einen die Geschwindigkeit der Vorgänge zum Stoffaustausch und zum anderen die Stoffmenge nicht aus, um die Zelle am Leben zu erhalten. Das Verhältnis zwischen der Oberfläche der Plasmamembran und dem Volumen des Cytoplasmas ist zu klein. Durch ein großes Verhältnis wird also sichergestellt, dass:
- die Wege zur Verteilung der benötigten Stoffen innerhalb der Zelle kurz sind,
- die Aufnahme von Stoffen durch die große Oberfläche sehr groß und somit auch effektiv ist.

11 Das Sonnenlicht ermöglicht Fotosynthese

11.1 Blätter – Orte der Fotosynthese

Wozu dient Möbelpolitur?
Inhaltsstoffe: Was bewirkt den Schutz? Bestandteile der Möbelpolitur vorlesen
Wozu dienen die Bestandteile im Blatt? 1 Abb. 1a
Organismus-Organ-Gewebe
Mikroskopie Blattquerschnitten und Stermoos 3 4 Abb. 4
Zeichnung, Aufgaben der Schichten
Hausaufgabe 2

1

a)

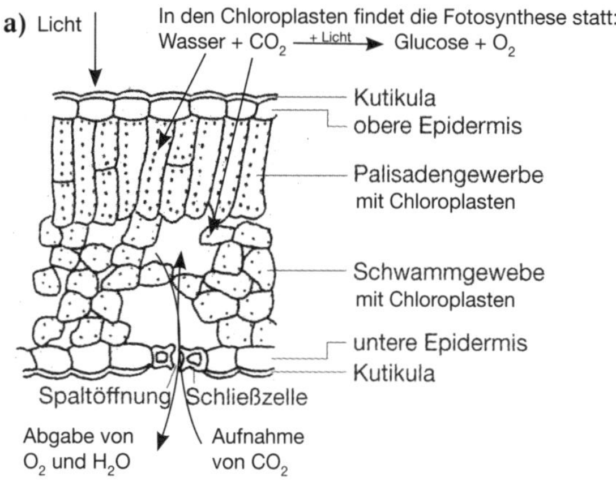

2

Kategorie	Fabrik	Blatt
Betriebsgelände	abgegrenzt durch Zaun	geschützt durch Epidermis und Kutikula
Anlieferung von Stoffen	entsprechende Leitungen und Straßen im Gelände	Leitbündel für Wasser und Schließzellen für Kohlenstoffdioxid
Umwandlung	im chemischen Reaktor	Chloroplast
Abtransport von Stoffen	Lagerung, Verpackung und Verschickung über Straße oder Leitungen	Abgabe von Sauerstoff über Spaltöffnungen, Glucose wird gelagert oder über Leitbündel abtransportiert
Werkstore	bewacht, nur bei Legitimation geöffnet	Spaltöffnungen, bei Bedarf geöffnet
Energiebedarf	durch eigenes Kraftwerk oder über Leitungen	durch Zellatmung bereitgestellt
Zusammenarbeit der Arbeitsteilungen	verschiedene Arbeitsgruppen und innerhalb der Gruppen verschiedene Aufgabenverteilung	Zusammenarbeit auf 3 Ebenen: verschiedene Organe im Organismus, verschiedene Gewebe im Organ, verschiedene Organellen in der Zelle

3

siehe Mikroskopierbücher oder Abb. 1 in räumlicher Darstellung

4

zur Mikroskopie von Sternmooszellen siehe Abb. 2a und 2b

5

Wenn blaues Licht und rotes Licht absorbiert werden, bleiben Gelb und Grün übrig. Das lässt die Blätter im weißen Licht grün aussehen.

11.2 Zusammenwirken der Organe bei der Fotosynthese

Die Organe der Pflanze arbeiten zusammen	**1** Abb. 1
Die Pflanze ist ein System	**3** Abb. 2
Angepasstheiten des Systems „Pflanze"	**2** **4** Abb. 3,4

1

a) Wasser wird über die Wurzelhaare der Wurzel aufgenommen. Durch die Leitungsbahnen der Sprossachse wird Wasser nach oben geleitet. In den Blättern wird Wasser in Form von Wasserdampf abgegeben.
Traubenzucker wird in den Blättern mithilfe von Sonnenlicht aufgebaut. Der erzeugte Traubenzucker wird über die Leitungsbahnen der Sprossachse in alle Teile der Pflanze geleitet.
b) Wurzel: Wurzelhaare bilden eine sehr große Oberfläche, die die Aufnahme von Wasser und Mineralsalzen begünstigt. Leitungsbahnen in der Wurzel leiten Wasser nach oben. Seitenwurzeln helfen zur Verankerung der Pflanze im Boden.
Blatt: Blätter sind groß und dünn, sodass viel Licht eingefangen werden kann, um mit dessen Hilfe energiereiche Nährstoffe herzustellen. Über Spaltöffnungen in den Blättern wird Wasserdampf abgegeben.
c) Lösungswort: SYSTEM
d)
1: Zuckerweiterleitung
2: Zuckerherstellung
3: Wasserdampfabgabe
4: Wasserleitung in der Wurzel
5: Wasserleitung in der Sprossachse
6: Wasseraufnahme

2

a) Die Blätter geben Wasser ab.
Die Wurzeln nehmen Wasser auf.
Wasseraufnahme und -abgabe finden vor allem am Tag zwischen 8.00 und 20.00 Uhr statt. Dabei ist die Wasseraufnahme am Tag kleiner als die Abgabe. In der Nacht ist die Aufnahme stärker und ergänzt so das verloren gegangene Wasser.
Die Sprossachse verbindet die Orte der Wasseraufnahme und -abgabe und leitet das Wasser.
b) Wenn der Boden trocken ist, ist die Wasseraufnahme aus dem Boden geringer, die Wasserabgabe bleibt aber gleich, d. h. die blaue Kurve liegt deutlich unter der gelben Kurve. Wenn es sehr heiß ist, ist die Wasserabgabe über die Blätter erhöht, die Wasseraufnahme aus dem Boden bleibt aber gleich, d.h. die gelbe Kurve liegt deutlich über die der blauen Kurve.
c) Die Kurven für Wasserabgabe durch die Spaltöffnungen des Blattes und für Wasseraufnahme durch die Wurzelhaare haben einen sehr ähnlichen Verlauf. Die Wasseraufnahme findet tagsüber leicht zeitversetzt zur Wasserabgabe statt. So wird das in den Blättern abgegebene Wasser durch in den Wurzelhaaren aufgenommenes Wasser ersetzt. Beide Organe arbeiten also als System zusammen und gewährleisten die Wasserversorgung in der Pflanze.
d) Der Text sollte ähnlich zum Grundwissentext und zu 1 a) sein.

3

a) + b) Ein System besteht aus mehreren Teilen, im System Pflanze sind dies die Organe Wurzel, Sprossachse, Blätter und Blüten. Zwischen den Teilen eines Systems gibt es Beziehungen und Wechselwirkungen und meistens arbeiten die Teile des Systems arbeitsteilig zusammen. Die Teile des Systems Pflanze haben verschiedene Aufgaben, die zusammen das Leben der ganzen Pflanze ermöglichen und nur im Wechselspiel funktionieren: Wurzel – Wasseraufnahme, Sprossachse – Leitung von Wasser und Nährstoffen, Blatt – Herstellung von energiereichen Stoffen, Wasserabgabe, Blüten – Fortpflanzung.

4

In einem System arbeiten mehrere Einheiten zusammen. Wie die Zellen und Organe der Pflanzen als System zusammenarbeiten, sind auch bei der Bewegung verschiedene Teile des menschlichen Körpers beteiligt: Knochen und Gelenke bilden das Körpergerüst; Muskeln führen die Bewegung durch; das Gehirn sendet Signale an die Muskeln, die die Bewegung steuern; in der Zellatmung wird Energie aus Nährstoffen gewonnen, die die Muskeln für die Bewegung benötigen; u.s.w. Alle Zellen und Organe des Körpers arbeiten zusammen und bilden ein System.

11.3 Fotosynthese und Nahrungsbeziehungen

Nahrungsbeziehungen (Nahrungsketten und Nahrungsnetze) im Garten (Beispiel)	**1** Abb. 1
Ein Nahrungsnetz eines Gartens erstellen	**2** Abb. 2

1

Produzenten sind Lebewesen, die energiereiche Stoffe für ihre Ernährung selbst herstellen können.
Konsumenten brauchen andere Lebewesen als Nahrung.
Pflanzenfresser sind Tiere, die sich von Pflanzen ernähren.
Beutegreifer sind Tiere, die sich anderen Tieren ernähren.

2

Tier	**Nahrung des Tieres**
Schmetterlingsraupe	Brennnessel-Blätter
Blattlaus	Pflanzensaft
Nacktschnecke	Kopfsalat
Igel	Würmer, Käfer und andere Insekten, Schnecken, Früchte
Schlupfwespe	Schmetterlingsraupen
Blaumeise	Schlupfwespe, Marienkäfer, Florfliege, Kreuzspinne
Marienkäfer	Blattläuse
Florfliege	Blattläuse
Kreuzspinne	Marienkäfer, Florfliegen
Gartenlaufkäfer	Schnecken, Insekten
Spitzmaus	Schnecken, Käfer und andere Insekten, Würmer
Hauskatze	Spitzmäuse, Blaumeisen
Schleiereule	Spitzmäuse, Blaumeisen

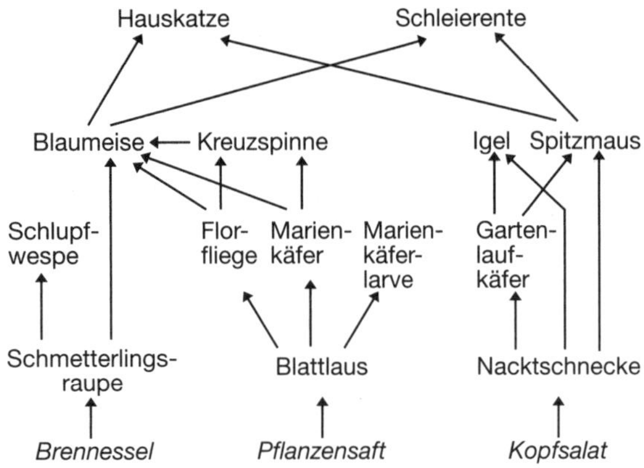

M Einen Kurzvortrag erarbeiten und halten

–

11.4 Die Bedeutung der Fotosynthese für die Erde

Überblick: Verschiedene Aspekte der Bedeutung der Fotosynthese	
Bedeutungen der Fotosynthese global	2 (1) Abb. 2–6
Fotosynthese eines Laubbaumes	Abb. 2
Globale Verteilung des Chlorophylls	3 Abb. 1

1

Beispiele für Bildunterschriften:
2) Dieser Baum versorgt durch Fotosynthese 11 Menschen mit Sauerstoff.
3) Pflanzen produzieren durch Fotosynthese Nahrung für Tiere (und Menschen).
4) Fotosynthese treibende Lebewesen schufen in der Erdgeschichte die sauerstoffhaltige Atmosphäre und die lebenswichtige Ozonschicht.
5) Fossile Energieträger und nachwachsende Rohstoffe gründen auf der Fotosynthese der Pflanzen.
6) Kohle geht auf die Fotosynthese in längst vergangenen Zeiten zurück.

2

Plakat: „Die Bedeutung der Fotosynthese": zahlreiche individuelle Lösungen

3

Auf der Satellitenaufnahme der Erde sind deutlich die mit Pflanzenwuchs bedeckten Bereiche der Erdoberfläche zu erkennen. Direkt am Äquator, z.B. in Zentralafrika, in großen Teilen Südamerikas und in Indonesien ist der Chlorophyllgehalt sehr hoch (dunkelgrüne Gebiete), hier wächst dichter tropischer Regenwald mit einer hohen Pflanzendichte. Nach Norden hin schließt sich in Afrika ein großer Wüstengürtel, die Sahara, an, in der fast keine Pflanzen wachsen und der Chlorophyllgehalt daher sehr niedrig ist (helle Farbe). Solche chlorophyllarmen Wüstengebiete gibt es außerdem an der Westküste Südamerikas (Atacama-Wüste in Peru, Chile), in Arabien, im Iran, in Zentralasien (z.B. Turan, Hochland von Tibet, Gobi) und in Australien. Nordamerika, Europa und der Norden Asiens sind durch ihre dichten Laub- und Nadelwälder chlorophyllreich. In der Arktis und der Antarktis ist kaum pflanzliches Leben möglich und der Chlorophyllgehalt entsprechend gering. Auch die Meere zeigen einen unterschiedlichen Chlorophyllgehalt: In den tropischen Meeren in der Nähe des Äquators ist der Chlorophyllgehalt sehr gering (blaue Farbe), im Nordatlantik, im Nordpazifik und an vielen Küsten ist die Dichte des pflanzlichen Planktons im Meer dagegen höher, was an der hellblauen und grünen Färbung zu sehen ist.

Die Satellitenaufnahme wurde vermutlich im europäischen Sommer gemacht, da auf der Nordhalbkugel relativ wenige verschneite Gebiete zu sehen sind und die Vegetation zum Beispiel in Mitteleuropa voll entwickelt ist.

12 Leben in Jahreszeiten

12.1 Jahreszeiten, Licht und Wärme

Jahreszeiten, Tageslänge und Temperatur	1 Abb. 1
Tiere und Pflanzen im Jahreslauf	2 Abb. 2
Der Kalender der Natur	3 Abb. 3

1

a)
- Am Frühlingsanfang (21.3.) ist der Tag 12 Std. lang und damit genauso lang wie die Nacht. In den nächsten Monaten werden die Tage immer länger, bis zum längsten Tag des Jahres (Sommeranfang, 16 Std. Tag) am 21.6.
- Während des Sommers (21.6. – 23.9.) nimmt die Tageslänge wieder ab, von 16 Std. auf 12 Std.
- Im Herbst nimmt die Tageslänge weiter ab, bis am 22.12. (Winteranfang) der kürzeste Tag des Jahres erreicht ist: Nur 8 Std. lang scheint die Sonne, 16 Std. lang ist es dunkel.
- Den Winter über werden die Tage wieder langsam länger, bis am 21.3. Tag und Nacht gleich lang sind (12 Std./12 Std.).

b) Im Sommer steht die Sonne hoch über dem Horizont und die Tage sind lang. Dadurch erreicht viel Sonnenstrahlung die Erde und kann diese erwärmen. Im Winter geht die Sonne früher unter und sie steht auch mittags niedrig. Die Sonneneinstrahlung ist dadurch reduziert und nicht so direkt, sie erwärmt die Erde nur wenig – es ist kalt.

2

	Frühjahr	**Sommer**	**Herbst**	**Winter**
Rauchschwalbe	Schwalben sind bei uns am Himmel zu sehen	Jungvögel schlüpfen und werden gefüttert	Schwalben in kleinen Gruppen	Überwintern im Süden (Zugvögel)
Igel	Igel auf Nahrungssuche	Geburt junger Igel	Igel frisst sich Fettpolster an und sucht ein Versteck	Winterschlaf
Karpfen	Karpfen schwimmt im Wasser	Karpfen schwimmt im Wasser	Karpfen schwimmt im Wasser	Karpfen schwimmt im Wasser unter Eisschicht
Rosskastanie	Rosskastanie blüht	Früchte bilden sich	Früchte sind reif, Blätter werden gelb	keine Blätter mehr, Knospen
Amsel	Jungvögel schlüpfen und werden gefüttert	Amseln springen und fliegen umher	Futtersuche im Herbst	Amsel ist auch im Winter bei uns

3

Beispiele könnten sein:

Vorfrühling:	Schneeglöckchen, Krokus, Winterling
Erstfrühling:	Forsythien, Narzisse, Weiden(kätzchen), Tulpe
Vollfrühling:	Flieder, Kastanie, Maiglöckchen, Löwenzahn, Obstbäume
Frühsommer:	Wiesenfuchsschwanz, Hahnenfuß, Rose
Hochsommer:	Kartoffeln, Sonnenblumen
Spätsommer:	Früchte Eberesche, Brombeeren, Astern blühen
Frühherbst:	Holunderbeeren, Hagebutten, Kastanien
Vollherbst:	Eicheln, Hasel- und Walnüsse reif, Schlehen
Spätherbst:	Blattfall der Laubbäume

Evtl. Blüten oder Früchte über einen Zeitraum sammeln und mitbringen lassen, gemeinsam bestimmen und Kalender erstellen.

12.2 Lebensräume im Verlauf der Jahreszeiten

Lebensräume im Jahreslauf	**1** Abb. 1

Ein Lebensraum im Schulumfeld im Jahreslauf	**2**

1

a) Wiese, Acker, Garten, Gewässer (Bach, Fluss, Weiher), Hecken, Bäume

b) 1c: Winter, die Landschaft ist verschneit, Bäume tragen keine Blätter

1b: Vorfrühling, der Schnee ist geschmolzen, die Bäume trage Knospen, erste Schmetterlinge

1a: Frühling, die ersten Blätter treiben aus, Blumen blühen

1g: Später Frühling, Bäume haben volles Laub, viele Pflanzen blühen, viele Tiere

1f: Frühsommer, Korn ist reif, Früchte fangen an sich auszubilden

1d: Sommer, Felder sind gemäht, Brombeeren reifen

1h: Spätsommer, Beeren sind reif, erste kühlere Tage (Frühnebel)

1i: Frühherbst, Blätter werden gelb, keine Blüten mehr zu sehen

1e: Spätherbst, Bäume haben keine Blätter mehr, letzte Früchte sind noch zu sehen, auf den Bergen liegt schon Schnee

(Es sind noch viele weitere Einzelheiten zu erkennen, hier nur Beispiele.)

2

–

12.3 Frühblüher – schnelles Wachstum im Frühjahr

Frühblüher treiben mithilfe von Speicherorganen sehr früh im Jahr aus	1	Abb. 1,3,4
Speicherorgane enthalten energiereiche Nährstoffe	3	
Knollen	2	Abb. 2,6
Zwiebeln	2	Abb. 2,5
Erdsprosse		Abb. 2
Angepasstheit an spezielle Lebensbedingungen	4	Abb. 7

1

Das über die Zwiebel gestülpte Papphütchen hat die Aufgabe, die Zwiebel vom Licht abzuschirmen. Erst wenn ein deutlicher Spross ausgebildet wird, die Hyazinthe also in der Natur durch die Erde ans Licht stoßen würde, darf es abgenommen werden.

2

Gemeinsamkeiten: äußere Form, Wurzeln an der Unterseite
Unterschiede: Zwiebel schalenartig aufgebaut, Knolle kompakt/einheitlich
Zur Aussage „Die Zwiebel ist nichts anderes als ein gestauchter Spross“: In der Zwiebel sind bereits alle Sprossteile, Stängel und Blätter angelegt und liegen wie zusammengeschoben ineinander.

3

a) Blau-Färbung als Stärkenachweis
b) Die Frühblüher haben unterirdische Speicherorgane (Zwiebeln, Knollen oder Erdsprosse), in denen sie Nährstoffe einlagern. Im Frühjahr nutzen sie diese Nährstoffe, um schon früh auszutreiben, wenn die Sonnenstrahlung noch recht schwach ist. Danach betreiben sie Fotosynthese und bauen Stärke auf, die sie dann wieder für das nächste Jahr in ihrem Speicherorgan einlagern.

4

Die Gartenfrühblüher kommen typischerweise ursprünglich aus recht trockenen Gebieten. Hieran sind sie angepasst, indem sie früh im Jahr blühen und nur kurze Zeit Blätter ausgebildet haben. In dieser Zeit ist es noch nicht so heiß und trocken und der Wasserverlust über Transpiration ist gering. Da sie oft in Steppen, also offenen Landschaften, vorkommen, erhalten sie genug Licht, um in dieser kurzen Zeit genug Speicherstoffe aufbauen zu können. In Teilen der Steppen in Asien ist es zudem im Winter sehr kalt und der Sommer ist kurz. Durch ihr schnelles Austreiben und die Überwinterung mithilfe von Speicherorganen nutzen die Pflanzen den kurzen Sommer gut aus.

12.4 Bäume und Sträucher im Herbst

Laubverfärbung	**3** Abb. 1,2
Abbau des Chlorophylls	Abb. 2
Andere Farbstoffe im Blatt	Abb. 2
Laubfall	
Laubfall als Angepasstheit an die Lebensbedingungen des Winters	**2**
Besonderheit Nadelbäume	Abb. 1
Anlegen eines Herbars	Abb. 3,4

1

Die Blattnarbe ist verholzt und gegenüber den Leitungsbahnen des Sprosses abgeschlossen. Sie liegt direkt am Spross und ist glatt. Über den Blattnarben liegen Seitenknospen. Aus ihnen entwickeln sich im Frühjahr neue Blätter.

2

SCHIMPER	BARANETZKY	SACHS
Blattfall als Schutz gegen Wasserverlust. Im Herbst ist der Boden kalt und die Wurzeln können schlecht Wasser aufnehmen. In den Blättern verdunstet Wasser, das nicht ersetzt werden kann => Welken und Abfallen	Menge ausfließenden Wassers aus abgeschnittenen Wurzeln ist abhängig von Bodentemperatur.	Absterben und Verwelken bei Temperaturen nahe über Null ist auf langsame Wasseraufnahme durch die Wurzeln bei gleichzeitiger Wasserverdunstung in den Blättern zurückzuführen.

3

a) –
b) c => b => a
Grünes Blatt wird rot, da Chlorophyll abgebaut wird und rote Blattfarbstoffe sichtbar werden. Dann wird die Wasserversorgung abgebrochen und das Blatt welkt langsam und stirbt ab (abgestorbene Teile erscheinen bräunlich).

M Ordnen mit einem Bestimmungsschlüssel

Merkmale und ihre Bedeutung für die Verwandtschaft	1 Abb. 1

Wichtige Merkmale bei Pflanzen am Beispiel der Blätter	2 3 Abb. 2

1

a) Familie Meier: b, c, l
Familie Henkel: d, e
Familie Grosser: a, h, k, m
Familie Seele: f, g, i
b) Nummer b: Meier Jupp (männlich, langer Hals)
Nummer c: Meier Grete (weiblich)
Nummer l: Meier Siggi (männlich, kurzer Hals)
c) Familie Grosser: a, h, k, m
a: männlich, runder Kopf
h: weiblich, länglicher Kopf
k: weiblich, runder Kopf
m: männlich, länglicher Kopf
Bestimmungsschlüssel
1a männlich 2
1b weiblich.. 3
2a runder Kopf.................. Grosser Felix
2b länglicher Kopf .... Grosser Tim
3a runder Kopf.............. Grosser Annika
3b länglicher Kopf .... Grosser Greta

2

Die Blätter des *Gilbweiderichs* in Abb. 3 zeigen folgende Merkmale: quirlständige Blattstellung, ungestielter Blattansatz, netzartige Aderung, ganzrandiger Blattrand, lanzettliche Blattform.

3

a) (geteilt, gefiedert, Ranken) *Saaterbse*
b) (ungeteilt, ungestielt, paralleladrig) *Spitzwegerich*
c) (geteilt, gefiedert, gesägt, Nebenblätter) *Heckenrose*
d) (ungeteilt, gestielt, gelappt, gezähnt, mit Spitze) *Spitzahorn*
e) (ungeteilt, gestielt, gebuchtet) *Stieleiche*
f) (ungeteilt, gestielt, rundlich, schwach gesägt) *Schwarzerle*
g) (geteilt, gefingert) *Rosskastanie*
h) (ungeteilt, gestielt, ganzrundig, eiförmig, mit Spitze) *Rotbuche*

12.5 Das Igeljahr

Ernährung und Fortpflanzung	1 5 Abb. 2,6

Der Igel hält Winterschlaf	2 3 Abb. 4

Igel und Straßenverkehr	4 Abb. 3

Vorkommen von Igeln	6

1

- Igel sind nachtaktive Tiere, die in Gärten, Parks und an Waldrändern leben und sich hauptsächlich von Insekten, Schnecken und Früchten ernähren, die sie im Boden finden.
- Im Winter hält der Igel Winterschlaf, bei dem er sehr langsam atmet, der Herzschlag und die Körpertemperatur niedrig sind und er von seinem zuvor angefressenen Fettpolster lebt.
- Igelweibchen bringen im Frühling und manchmal ein zweites Mal im Herbst Junge zur Welt, die sie mehrere Wochen lang säugen.

2

a)

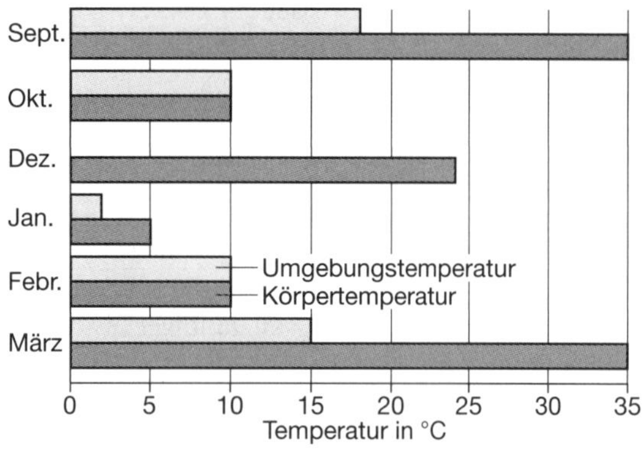

b) Die Körpertemperatur ist während des Winterschlafs (Oktober–März) die meiste Zeit in etwa gleich zu der Umgebungstemperatur und der Herzschlag ist langsam (18–56/Min). Vor dem Einschlafen im Herbst (September) und nach dem Aufwachen im Frühling (März) ist die Körpertemperatur konstant auf 35 °C und der Puls zwischen 280 und 320/Min. Im Dezember ist es so kalt (0 °C), dass der Igel aufwacht und sich einen neuen Schlafplatz suchen muss. Bei diesem Aufwachen steigen seine Körpertemperatur und der Herzschlag stark an.

c)
- 15. September: nicht im Winterschlaf, Körpertemperatur und Puls hoch, Umgebungstemperatur noch relativ hoch
- 15. Oktober: Winterschlaf, Körpertemperatur = Umgebungstemperatur, Herzschlag niedrig
- 15. Dezember: Unterbrechung des Winterschlafs, Aufwachen, Umgebungstemperatur ist unter 1°C, Aufwachen erkennbar an erhöhter Körpertemperatur und hohem Puls
- 15. Januar: Winterschlaf, Puls sehr niedrig, Körpertemperatur fast so niedrig wie Umgebungstemperatur
- 15. Februar: Winterschlaf, Körpertemperatur = Umgebungstemperatur, Puls niedrig
- 15. März: kein Winterschlaf mehr, Körpertemperatur viel höher als Umgebungstemperatur, Puls hoch

3

Das Aufwachen verbraucht viel Energie. Dadurch besteht Gefahr, dass die Fettreserven nicht reichen.

4

Zwischen November und April ist die Zahl der Igel-Verkehrsopfer niedrig, da sich die meisten Igel im Winterschlaf befinden. Ab Mai steigt die Opferzahl stark an, sie ist im August am höchsten und nimmt dann wieder ab. Im Hochsommer werden die jungen Igel nicht mehr gesäugt, sondern sind schon selbstständig, aber noch unerfahren und werden daher häufig überfahren.

5

a)
5 – 19h: Ruhen
19 – 22h: Umherlaufen, Nahrungssuche
22 – 0.30h: Ruhen
0.30 – 2.30h: Umherlaufen
2.30 – 4h: Ruhen
4 – 5h: Umherlaufen

b)
Der Igel ist nachtaktiv, wir tagaktiv. In seiner Ruhephase (am Tag) schläft er durchgehend, so wie wir nachts. In seiner Aktivitätsphase (nachts) hat er immer wieder auch Ruhezeiten, wir sind dagegen tagsüber durchgehend wach (Ausnahme: z.B. Mittagsschlaf).

6

	Igel pro km^2
Stadtzentrum	0
Stadtrand	10
Waldrand	13
Acker	3

Im Stadtzentrum gibt es keine geeigneten Lebensbedingung für Igel: Sie finden kein Schlafnest und keine Nahrung und werden durch Menschen und den Verkehr gestört. Am Stadtrand gibt es viele Gärten und Parks, was geeignete Lebensumgebungen für Igel sind. Am meisten Igel kommen am Waldrand vor, hier haben sie genug Nahrung und Versteckmöglichkeiten. Auf dem Acker sind zwar keine störenden Menschen und Autos, aber es gibt auch wenige Versteckmöglichkeiten und Schlafplätze sowie wenig Nahrung im Boden, daher leben hier nur wenige Igel.

12.6 Eichhörnchen

Impuls: Wie leben Eichhörnchen? Wie überwintern sie?	Abb. 2
Unterschiedliche Überwinterungsstrategien bei Eichhörnchen und Igel	1
Angeboren oder erlernt: Woher wissen Eichhörnchen, wie sie Nüsse knacken und Vorräte anlegen sollen?	2 Abb. 3–5
Das Nagetiergebiss	3 Abb. 1,6

1

a)
- Schlechtes Wetter zwingt die Eichhörnchen oft längere Zeit ohne Nahrung im Kobel zu bleiben.
- Versteckte Nahrung wird nicht immer gefunden, sodass Nahrungsmangel droht.

b)

Unterschiede		Gemeinsamkeiten	
Eichhörnchen	**Igel**	**Eichhörnchen**	**Igel**
Winterruhe	Winterschlaf	Anfressen einer Speckschicht im Herbst	Anfressen einer Speckschicht im Herbst
Herzschlag gleichbleibend	Herzschlag herabgesetzt		
Atmung gleichbleibend	Atmung herabgesetzt		
Körpertemperatur gleichbleibend	Körpertemperatur herabgesetzt		
häufig aktiv	Dauerschlaf (Unterbrechungen sind die Ausnahme)		
Verstecken von Nahrung im Herbst	keine Vorräte		

2

a) Eichhörnchen beherrschen angeboren die Fähigkeit zum Nagen und Öffnen von Nüssen. Allerdings nagen sie anfangs wahllos an der Nuss, bis sich diese öffnen lässt. Mit zunehmendem Alter lernen sie, genau entlang der Nuss-Fasern zu nagen, sodass sich die Nuss leicht öffnen lässt. Dieses Lernen geschieht durch Ausprobieren, aber auch durch Zuschauen bei erfahreneren Tieren.

b)
a: Sehr unerfahren, sehr viel Nagetätigkeit, ungerichtet
b: Erfahrener als bei a, Nagetätigkeit geringer als bei a. Nagetätigkeit in zwei verschiedene Richtungen
c: Sehr erfahren, nur wenige Nagespuren vorhanden

c)
a: Das Tier nagt so lange, bis das Loch groß genug ist, um an den Kern zu gelangen.
b: Das Tier nagt einen Spalt, dabei vorwiegend längs zur Faserung, aber auch etwas quer. Anschließend wird die Schale aufgesprengt.

c: Das Tier nagt nur ein kleines Loch an der Spitze und sprengt die Nuss auf.
d) Eichhörnchen isoliert aufziehen, im Herbst Nüsse im geeigneten Gelände anbieten.
Versteckt es die Nüsse, ist das Verhalten angeboren.

3

a) Das Zahnbein wird schneller abgenutzt, weil es weicher ist. Dadurch bleibt durch den harten Schmelz immer eine scharfe Kante bestehen.
b) Nagezähne wachsen ständig nach. Werden sie nicht abgenutzt, werden sie so lang, dass sie die Nahrungsaufnahme behindern oder sogar verhindern.

12.7 Tiere sind an die Lebensbedingungen im Winter angepasst

Energie aus der Nahrung wird für die Erwärmung des Körpers benötigt	3b
Nahrungsknappheit im Winter	3b
Überwinterungsstrategien	1 Abb. 5
Winterschlaf	3 Abb. 1,7
Winterruhe	3 Abb. 2,7
winteraktive Tiere	Abb. 3
Kältestarre	2 Abb. 4,6

1

Murmeltiere – Winterschlaf: ziehen sich in Bau zurück, Körpertemperatur fällt stark, Atmung ist reduziert, sind nur selten aktiv
Saatgans – Zugvogel: brütet in der Tundra im hohen Norden, verbringt den Winter aber im wärmeren Norddeutschland
Erdkröte – Kältestarre: wechselwarmes Tier, wenn die Temperaturen im Herbst fallen, bewegt sie sich langsamer, verkriecht sich in Erde oder Schlamm und verbleibt den Winter über regungslos
Fuchs – winteraktiv: frisst sich im Herbst eine Fettschicht an und ihm wächst ein dichtes Fell, das gegen Kälte schützt, bleibt im Winter aktiv
Kohlmeise – winteraktiv: bleibt im Winter aktiv, verändert aber die Nahrungsgewohnheiten (Samen, Nüsse oder Beeren anstatt Würmer und Schnecken)

2

a)

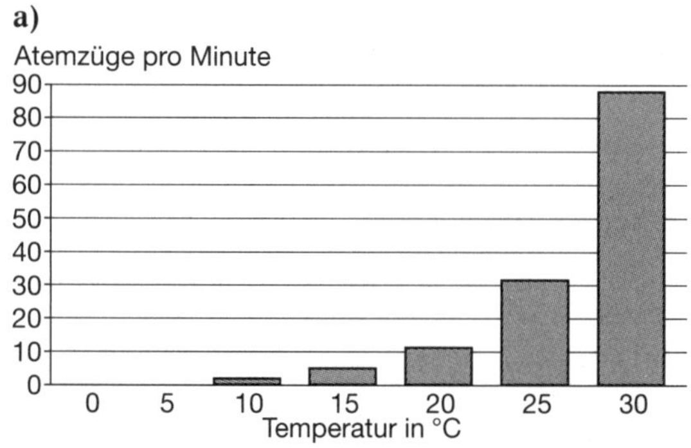

Je höher die Temperatur ist, desto schneller atmet der Grasfrosch. Bei sehr niedrigen Temperaturen (0–5 °C) atmet er fast gar nicht, bei hohen Temperaturen (30 °C) atmet er sehr schnell (88 mal pro Minute).

Der Grasfrosch ist ein wechselwarmes Tier. Je niedriger die Temperaturen sind, desto langsamer ist sein Herzschlag und sein Stoffwechsel ist herabgesetzt. Das bedeutet einen herabgesetzten Energiebedarf und die Atmungsfrequenz geht zurück. Bei hohen Temperaturen hat der Grasfrosch einen sehr hohen Stoffwechsel und Energiebedarf, er muss schnell atmen.

b) Bei Fröschen ist während der Kältestarre der gesamte Stoffwechsel sehr stark herabgesetzt. Dementsprechend verbrauchen die Tiere fast gar keine Energie und müssen sich auch kein Fettpolster anfressen. Bei gleichwarmen Tieren im Winterschlaf ist der Stoffwechsel zwar auch herabgesetzt, aber dennoch benötigen sie viel mehr Energie. Um diese bereitzustellen müssen sie sich ein Fettpolster anfressen.

3

a) Eichhörnchen – Winterruhe
Fledermaus – Winterschlaf

b) Fledermäuse ernähren sich von Insekten. Im Winter gibt es kaum Insekten. Im Winterschlaf verbrauchen Fledermäuse sehr wenig Energie und überdauern so die nahrungsarme Zeit. Eichhörnchen ernähren sich von vielen verschiedenen Früchten, Nüssen etc., die es auch noch im Winter zu finden gibt und von denen sie sich im Herbst Vorräte anlegen können. Sie haben daher auch im Winter Nahrung und werden während der Winterruhe ab und zu aktiv, um sich Nahrung zu suchen.

12.8 Zugvögel

Jahresvögel – Zugvögel	Abb. 1
Vogelzugforschung	1 Abb. 2–4
Zugwege	2 Abb. 5
Andere Einsatzfelder der Satellitentechnik	3

1

Beringung
– große Anzahl von Vögeln kann beringt werden – einfache Methode, billig – Vögel jeder Größe, auch sehr leichte, können beringt werden
Besenderung
In geringen Zeitabständen werden viele Informationen zur Verfügung gestellt: – an welchem Ort sich ein besendeter Vogel gerade aufhält – ob ein besendeter Vogel gerade fliegt oder nicht Von jedem einzelnen Vogel können bestimmt werden: – das Zugziel – die Dauer des Zuges/der Zugetappen – die Zuggeschwindigkeit – die Zughöhe – die Ruhephasen

2

a) Flugroute Jonas:

Datum	Ort	Breiten-/ Längengrad
01/09	Mannheim	49/9
05/09	Genf	46/6
08/09	Nähe von Barcelona	41/2
12/09	Sevilla	37/-6

Felix:

Datum	Ort	Breiten-/ Längengrad
01/09	Krakau	50/20
02/09	westl. von Kronstadt	45/24
11/09	Nähe von Haleb	36/36
16/09	Nähe von Assuan	23/33
8/10	Abéché	13/21
05/11	Nähe von Njala	11/26

Prinzesschen:

Datum	Ort	Breiten-/ Längengrad
28/08	Krakau	50/20
02/09	westl. von Kronstadt	45/24
07/09	Nähe von Haleb	36/36
12/09	Nähe von Assuan	23/33
03/11	östl. von Khartum	14/35
27/11	Kisumu	0/35
07/12	westl. von Bulawayo	-20/27

3

- Ortsbestimmung bei Wanderern
- Navigationssystem für Autos
- Standortermittlung in Autos im Rahmen der „Diebstahlsicherung“
- Vermessungsarbeiten
- Militärische Nutzung zur Steuerung von Raketen

12.9 Gleichwarme und wechselwarme Tiere

Wechselwarme und gleichwarme Tiere	5	Abb. 2,6
Stoffwechselintensität wechselwarmer und gleichwarmer Tiere	2 3 4	Abb. 3,5
Gleichwarme Tiere bei Kälte und Wärme	1	Abb. 1,4

1

Das afrikanische Baumhörnchen hat einen dichten Schwanz, den es über seinen Körper hält und so wie durch einen Sonnenschirm vor der Sonne geschützt ist. Dadurch verhindert es Überhitzung durch direkte Sonneneinstrahlung. Am Körper ist es nur sehr leicht behaart, sodass es Körperwärme nach außen abgeben kann.

2

Wechselwarme Tiere sind in ihrer Stoffwechselaktivität von der Umgebungstemperatur abhängig: Bei kalten Temperaturen ist ihre Stoffwechselaktivität niedrig, mit zunehmender Temperatur steigt sie an, erreicht ein Optimum und fällt bei hohen Temperaturen stark ab.
Gleichwarme Tiere halten dagegen ihre Stoffwechselaktivität über einen großen Außentemperaturbereich konstant hoch. Bei niedrigen Temperaturen steigern sie die Stoffwechselaktivität, um ihre Körpertemperatur aufrecht erhalten zu können, wird es noch kälter, ist dies nicht mehr möglich und es kommt zum Kältetod. Bei sehr hohen Temperaturen erhöht sich die Stoffwechsel-aktivität und bei zu hohen Temperaturen überhitzt der Körper und es kommt zum Hitzetod. Auch wechselwarme Tiere können nur in einem bestimmten Temperaturbereich leben, bei extremen Temperaturen kommt es zum Kälte- bzw. Hitzetod.

3

Ringelnatter: 7000 g / 2000 g = 3,5
Maus: 2200 g / 15 g = 146,7
Mensch: 547,5 g / 75 g = 7,3

Das Verhältnis von Nahrungsaufnahme zu Körpergewicht ist bei der Ringelnatter am kleinsten, d.h. sie muss im Verhältnis zu ihrem Körpergewicht nur wenig Nahrung zu sich nehmen. Dies ist dadurch bedingt, dass die Ringelnatter ein wechselwarmes Tier ist, das seine Körpertemperatur nicht mithilfe von Stoffwechselenergie aus der Nahrung reguliert. Der Mensch und die Maus sind gleichwarm. Um ihre Körpertemperatur regulieren zu können, müssen sie viel Nahrung aufnehmen und durch Zellatmung Wärmeenergie gewinnen. Die Maus muss dabei um ein Vielfaches mehr an Nahrung, bezogen auf ihr geringes Körpergewicht, aufnehmen als der Mensch. Dies liegt daran, dass die Maus sehr klein ist und eine verhältnismäßig große Körperoberfläche (bezogen auf ihre Gesamtgröße) hat, über die sie ständig Wärme verliert.

4

Bei der Eidechse steigt die Stoffwechselintensität gleichmäßig mit zunehmender Umgebungstemperatur. Die Stoffwechselintensität der Maus ist dagegen bei niedrigen Umgebungstemperaturen hoch und sinkt mit zunehmender Temperatur. Bei Temperaturen zwischen ca. 26 und 32 °C bleibt die Stoffwechselintensität gleich, bei noch höheren Temperaturen nimmt sie wieder zu.

Dieser Verlauf bei der Maus kommt dadurch zustande, dass sie ein gleichwarmes Tier ist: Je kälter die Umgebung ist, desto höher muss die Stoffwechselaktivität sein um Wärme zu gewinnen und eine hohe Körpertemperatur aufrecht zu halten. Bei warmen Temperaturen geht weniger Körperwärme nach außen verloren und es ist weniger Stoffwechselaktivität notwendig. Bei sehr hohen Temperaturen steigt die Stoffwechselintensität wieder.

Da die Ringelnatter ein wechselwarmes Tier ist, passt sie ihren Stoffwechsel nicht an die Umgebungstemperatur an, um die Körpertemperatur zu regulieren, sondern der Stoffwechsel und die Körpertemperatur nehmen passiv mit der Umgebungstemperatur zu.

5

„Die sonnigen Tage [....] haben ein scheues Tier hervorgelockt."

„Die K. braucht kühle und feuchte Landschaften [...] mit vielen sonnigen Plätzen. In Skandinavien kommt sie sogar nördlich des Polarkreises vor. Keine andere Schlange erträgt so viel Kälte. Der Winterschlaf dauert bis zu acht Monate."

⇒ Kreuzottern leben in kalten Regionen, aktiv und zu sehen sind sie nur bei warmen Temperaturen, da sie wechselwarm sind. Deshalb verbringen sie den größten Teil des Jahres in Kältestarre („Winterschlaf").

„...gehen sofort auf die Jagd, um noch Energie für den langen Winterschlaf zu sammeln."

⇒ In der langen Zeit des Winters ist der Stoffwechsel der Kreuzotter zwar niedrig, trotzdem benötigt sie Energiereserven, um diese Zeit zu überdauern.

„Wird es richtig kalt, suchen die Schlangen Höhlen oder Felsspalten auf."

⇒ Bevor die Schlangen in Kältestarre fallen, suchen sie sich ein sicheres Versteck.

„Die Männchen erwachen je nach Witterung bereits Ende Februar und sonnen sich."

⇒ Da die Kreuzotter als wechselwarmes Tier ihre Körpertemperatur nicht selbst regulieren kann, sonnt sie sich bei kalten Temperaturen, um die Strahlung zur Erwärmung ihres Körpers zu nutzen.

Der im Zeitungsartikel verwendete Begriff „Winterschlaf" ist falsch; bei Reptilien und anderen wechselwarmen Tieren spricht man von Kälte- oder Winterstarre.

12.10 Das Jahr der Zauneidechse

Zauneidechsen sind Wirbeltiere	Abb. 3
Zauneidechsen sind wechselwarme Wirbeltiere	2 3 Abb. 6
Fortbewegung der Eidechse	1 Abb. 4,5
Fortpflanzung	Abb. 1,2

1

Die Fortbewegung ist nur bei starker Krümmung der Wirbelsäule möglich.

2

Reptilien sind wechselwarme Tiere. Das Konstanthalten der Körpertemperatur, wie bei Säugetieren (Spitzmaus), ist energieaufwendig. Daher benötigt die Spitzmaus mehr Nahrung.
(Evtl.: Spitzmäuse sind sehr aktiv und rennen viel hin und her. Eidechsen sind ruhiger, warten oft bewegungslos auf Beute.)

3

a) Die Vorzugstemperatur der Eidechse liegt bei 38 °C. Bei starker Wärmeeinstrahlung (Sonne) steigt die Körpertemperatur. Die Eidechse sucht schattige Plätze auf, sodass sich die Wärmeaufnahme verringert und sie wieder die Vorzugstemperatur erreicht.
Bei niedriger Außentemperatur sinkt auch die Körpertemperatur. Die Eidechse sucht besonnte Steine auf und vergrößert so die Wärmeaufnahme – die Körpertemperatur erreicht wieder den Vorzugsbereich.

12.11 Amphibien – Leben im Wasser und auf dem Land

Das Leben des Grasfrosches	1 Abb. 1
Der Begriff „Amphib"	2 Abb. 1
Einheimische Amphibien/ Einleitung von Amphibien	3 Abb. 2,3

1

Möglicher Steckbrief:
Farbe meist braun bis gelb mit dunklen Flecken
Hinterbeine stark entwickelt, Schwimmhäute an den Hinterfüßen
ohne Schwanz
Lebt meist an Land, nur zur Paarungszeit und Überwinterung im Wasser
Nahrung: Insekten und deren Larven, Würmer, Schnecken, Spinnen, Asseln

2

Lebt meist an Land, Larven im Wasser lebend, zur Paarung und eventuell zur Überwinterung im Wasser.

3

a)
1 –> c: Teichmolch
4 –> d: Erdkröte
5 –> b: Wasserfrosch
6 –> f: Laubfrosch
8 –> e: Bergmolch
9 –> a: Feuersalamander
b)
2: Stockente
3: Libelle
7: Fischotter

12.12 Amphibien – Fortpflanzung und Entwicklung

Die Fortpflanzung und Entwicklung des Grasfrosches	**1** Abb. 1
Anforderungen an das Laichgewässer	**2** a Abb. 3,4
Diskussion über Gewässer: Naturnähe, Gräben …	Abb. 4
Anlegen eines Laichgewässers	**2** b Abb. 3

1

a) –

b)

a) 1 – 2 Wochen nach dem Schlüpfen: Die Kaulquappen besitzen Außenkiemen.

b) 10 – 11 Wochen nach dem Schlüpfen: Das linke Bein durchbricht die Haut.

c) 2 – 3 Wochen nach dem Schlüpfen: Außenkiemen werden in den Körper verlagert.

2

a)

a) Keine Eignung, da kein offenes Wasser vorhanden ist.

b) Für Grasfrosch, Wasserfrosch, Gelbbauchunke, Teichmolch, Bergmolch, Feuersalamander geeignet.

c) Für Grasfrosch, Wasserfrosch, Laubfrosch, Erdkröte Teichmolch, Bergmolch, Kammmolch, Feuersalamander geeignet.

d) Eventuell für Grasfrosch und Feuersalamander geeignet.

b) Wichtige Aspekte: Wassertiefe, Flachwasserzone mit Bewuchs, die gut besonnt sein sollte (daher im Norden angelegt, aber nach Süden frei), Bäume und Sträucher daher im Norden angepflanzt, nicht zu dicht am Ufer => Laubfall

Die Wassertiefe sollte mindestens 1 m betragen, damit auch bei großer Kälte das Gewässer nicht bis zum Grund durchfriert.
Weitere mögliche, aber nicht zutreffende Argumente: damit genügend Sauerstoffvorrat vorhanden ist, damit die Tiere sich verstecken können, u.s.w.

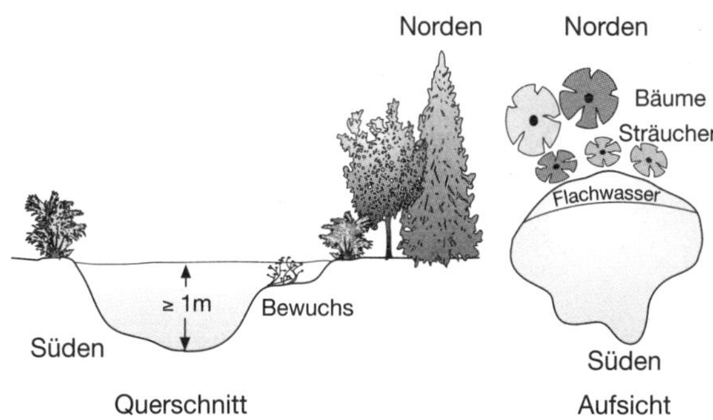

12.13 Wanderung von Amphibien

Wanderungen der Amphibien	1 a Abb. 1,2
Gefahren durch den Straßenverkehr	1 a,b,c Abb. 2,3
Auslösung des Wanderverhaltens	2 a Abb. 4
Geschlechtsspezifisches Verhalten	2 b Abb. 4

1

a)

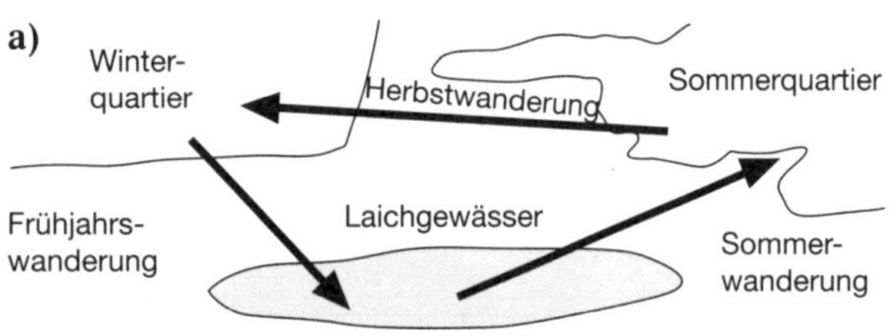

Erdkröten werden bei der Frühjahrswanderung überfahren. Wenn keine Maßnahmen (z.B. Amphibienzäune) ergriffen werden, sterben die Kröten in diesem Lebensraum aus. Da Verluste auch beim Aufsuchen der Sommerquartiere auftreten werden, sind die Tiere trotz Schutzmaßnahmen gefährdet.

b) Die Abwanderung der Alttiere und die Wanderung der Jungtiere erfolgt über einen langen Zeitraum, sodass der Aufwand mit den täglichen Kontrollen enorm hoch ist.
c) Schutzzäune mit einer Untertunnelung der Straße
Verlegung der Straße
Verlegung des Laichgewässers mit Umsiedlung der Tiere (Laich!)

2

a) Die Wanderung beginnt Anfang April und ist Mitte April beendet. Kröten wandern hauptsächlich bei Regen oder wenn es feucht ist. Die Temperatur spielt keine große Rolle. Es wandern mehr Männchen als Weibchen. Die Männchen beginnen früher mit der Wanderung.
b) Die Männchen wandern früher.
Es wandern mehr Männchen als Weibchen.
Die Männchen wandern auch bei tieferen Temperaturen als die Weibchen.
Beide wandern nur, wenn es feucht ist.
Viele Männchen sind schon am Laichgewässer, wenn die Weibchen eintreffen. Da mehr Männchen als Weibchen zum Laichen kommen, ist so die Chance für ein Männchen, sich fortzupflanzen größer. Wären die Weibchen früher am Gewässer, hätten die ersten Männchen die besten Chancen, alle später ankommenden Männchen könnten sich nicht mehr fortpflanzen.

12.14 Vergleichender Überblick: die Klasse der Wirbeltiere

1

	Fortbewegung	**Körperbedeckung**	**Körpertemperatur**	**Atmung**	**Fortpflanzung**	**Entwicklung**
Fische	schwimmen mit Flossen im Wasser	schleimbedeckte Haut aus Schuppen	wechselwarm	mit Kiemen	äußere Befruchtung, Ei und Spermaabgabe ins Wasser	Entwicklung der Jungfische im Wasser
Amphibien	Kaulquappen schwimmen, erwachsene Tiere können schwimmen, hüpfen und laufen	schleimbedeckte, feuchte Haut	wechselwarm	als Kaulquappe mit Kiemen, als erwachsene Tiere mit Lungen und mit der Haut	äußere Befruchtung, im Wasser	nach Befruchtung entwickeln sich zunächst Kaulquappen, aus diesen dann ausgewachsene Amphibien
Reptilien	kriechen mit 4 Gliedmaßen	trockene, von Hornschuppen bedeckte Haut	wechselwarm	mit Lungen	innere Befruchtung, Eier werden im Boden ver graben, manche lebendgebärend	Eier werden nicht bebrütet, Jungtiere entwickeln sich im Ei und schlüpfen
Vögel	fliegen mit Flügeln	Federn	gleichwarm	mit Lungen, die durch Luftsäcke vergrößert sind	innere Befruchtung	gelegte Eier werden bebrütet, Jungvögel entwickeln sich im Ei und schlüpfen
Säugetiere	können mit 4 Gliedmaßen hüpfen, springen und laufen	Haut mit Haaren	gleichwarm	mit Lungen	innere Befruchtung, lebendgebärend	Entwicklung im Inneren des mütterlichen Körpers, Jungtiere werden mit Muttermilch gesäugt

12.15 Ein Jahr im Bienenstaat

Was ist ein Staat?

Welche Insekten leben in Staaten?

Ein Bienenleben	1 2 Abb. 1–4

Die Aufgabe der verschiedenen Bienen	3

1

Reinigung — Wachs herstellen — Sammeln von Pollen und Nektar

1 2 3 4 5 6 7 8 9 10 11 12 13 14 15 16 17 18 19 20 21 22 23 24 25 26 27 28

Füttern — Luft fächeln

Honig herstellen

2

Die Anzahl der Bienen nimmt von ca. 7.000 im Frühjahr auf ungefähr 40.000 im Sommer zu. Im Spätherbst ist die Zahl wieder auf ca. 11.000 gefallen.
Der Bienenstock überwintert mit einer kleinen Zahl von Individuen. Im Frühjahr ist die Entwicklung aufgrund der kalten Temperaturen verlangsamt. Die Waben werden nicht so schnell für neue Eier frei. Außerdem entwickeln sich die Pflanzen noch langsam. Durch die zunehmenden Temperaturen und das größer werdende Nahrungsangebot kann der Stock bis zum Sommer sehr stark anwachsen. Durch Schwärmen und verringertes Nahrungsangebot im Spätsommer nimmt die Dichte wieder ab.

3

Die Arbeiterin ist relativ klein, hat aber bezogen auf ihre Körpergröße relativ große Flügel. Die Drohne hat einen großen Kopf, große Augen und Fühler und ist größer als die Arbeiterin. Die Königin hat vergleichsweise kleine Flügel und einen sehr langen, aber schmalen Körper, der nach hinten spitzer zuläuft als bei der Drohne.

4

Es ist zu erkennen, dass die Temperatur der Brutwaben unabhängig von der Außentemperatur stetig auf knapp 35 °C gehalten wird. Die Temperatur der Vorratswaben schwankt mit der Außentemperatur, ist jedoch durchschnittlich ca. 10 °C größer als die Außentemperatur.
Begründung:
Durch die große Individuenzahl im Stock und die dadurch entstehende Wärme ist es im Bienenstock deutlich wärmer als draußen. Jedoch müssen nur die Brutwaben auf konstanter Temperatur gehalten werden. Die Bienen können sich daher Arbeit sparen, indem die Temperatur der Vorratswaben nicht geregelt wird. Erst wenn die Temperatur im Sommer so stark steigt, dass die Waben schmelzen könnten, wird auch deren Temperatur gesenkt.

13 Extreme Lebensräume – Lebewesen aus aller Welt

13.1 Beweglichkeit von Tieren in extremen Lebensräumen

Beweglichkeit gleichwarmer Tiere	1 Abb. 2a
Hoher Nahrungsbedarf gleichwarmer Tiere für die Aufrechterhaltung der Körpertemperatur	1
Gruppen wechselwarmer Tiere	4 Abb. 1,5
Beweglichkeit wechselwarmer Tiere	1 2 3 Abb. 2b,3,4
Niedriger Nahrungsbedarf wechselwarmer Tiere	1

1

a) Diagramm a – gleichwarmes Tier
Die Beweglichkeit des Tieres bleibt sowohl bei niedrigen als auch bei hohen Außentemperaturen gleich. Das ist typisch für gleichwarme Tiere.
Diagramm b – wechselwarmes Tier
Das Tier fällt bei niedrigen Temperaturen in eine Kältestarre. Die Beweglichkeit wird erst bei höheren Temperaturen größer und sinkt dann sehr rasch wieder ab. Schließlich fällt es in eine Wärmestarre. Diese Eigenschaft ist typisch für wechselwarme Tiere.
b) Sowohl gleichwarme als auch wechselwarme Tiere sterben den Kältetod, wenn ihre Körpertemperatur zu niedrig wird. Bei niedrigen Temperaturen sind gleichwarme Tiere aufgrund ihrer konstanten Körpertemperatur beweglich. Wechselwarme Tiere sind bei diesen Temperaturen nicht in der Lage, sich zu bewegen. Sie fallen in eine Kältestarre. Erst wenn die Temperatur weiter ansteigt, können sie sich langsam bewegen. Mit steigender Temperatur nimmt die Beweglichkeit der wechselwarmen Tiere zu. Bei sehr hohen Temperaturen sinkt die Beweglichkeit der wechselwarmen Tiere wieder, während die Beweglichkeit der gleichwarmen Tiere erhalten bleibt. Die wechselwarmen Tiere fallen bei weiter steigender Temperatur in eine Wärmestarre, die schließlich in den Hitzetod übergeht. Wenn die Körpertemperatur der gleichwarmen Tiere zu hoch wird, sterben auch sie den Hitzetod.
c)

gleichwarme Tiere	**wechselwarme Tiere**
hoher Energiebedarf	geringer Energiebedarf
hoher Nahrungsbedarf	wenig Nahrungsbedarf
hohe Beweglichkeit in einem weiten Temperaturbereich	hohe Beweglichkeit in einem schmalen Temperaturbereich
Isolation des Körpers durch Fettschicht, Gefieder oder Fell	kaum Isolation
Körper konstant warm	Körpertemperatur ist abhängig von der Außentemperatur

Gleichwarme Tiere haben den Vorteil einer von der Außentemperatur nahezu unabhängigen gleichmäßigen Körpertemperatur. Dadurch weisen sie eine hohe Beweglichkeit auf. Der Nachteil ist die Notwendigkeit einer großen Nahrungsaufnahme. Ein Teil der Nahrung stellt die Energie für die Aufrechterhaltung der Körpertemperatur bereit.
Wechselwarme Tiere sind nur in einem engen Temperaturbereich beweglich, da ihre Körpertemperatur von der Außentemperatur abhängig ist. Sie brauchen keine Energie für die Aufrechterhaltung der Körpertemperatur aufzuwenden, sodass sie auch nur wenig Nahrung aufnehmen müssen. Dies ist ein Vorteil in nahrungsarmen Zeiten.

2

Bei einer Körpertemperatur von 20 °C schafft der Sandlaufkäfer nicht einmal einen halben Zentimeter pro Sekunde. Weitere Temperaturerhöhungen um 5 bzw. 10 °C bringen kaum Geschwindigkeitserhöhungen. Erst bei einer Körpertemperatur von 35°C erreicht der Sandlaufkäfer eine Geschwindigkeit von 1 cm/s. Ein weiterer Anstieg der Körpertemperatur um lediglich 5 °C erlaubt dem Käfer eine Vervierfachung seiner Geschwindigkeit auf 4°C.

3

Die Körpertemperatur der Eidechse schwankt in der Zeit von 15:00 Uhr bis 17:00 Uhr mehrfach zwischen Extremwerten von 41 °C und 34 °C. Auffällig ist die regelmäßige Schwankung zwischen den Extremwerten der Körpertemperatur sowie die gleichmäßige zeitliche Verteilung.
Die Eidechse wechselt in regelmäßigen zeitlichen Abständen zwischen dem Schatten unter einem Stein sowie einem Standort, der der vollen Wüstensonne ausgesetzt ist. Durch diesen regelmäßigen Wechsel zwischen diesen beiden Standorten kann die Eidechse eine gefährliche Überhitzung des Körpers vermeiden.

4

Bei wechselwarmen Tieren hängt die Körpertemperatur von der Umgebungstemperatur ab. In kalten Gebieten ist ihre Körpertemperatur niedrig und damit ihre Leistungsfähigkeit stark eingeschränkt. Daher kommen in warmen Gegenden (Südeuropa) viel mehr wechselwarme Tiere vor als in kalten Regionen (z.B. Nordeuropa). Regionen mit sehr niedrigen Temperaturen (z.B. Leningrad) sind für wechselwarme Tiere gefährlich, da sie in Kältestarre fallen und sterben können. Aber auch zu hohe Temperaturen (z.B. Wüste) können gefährlich werden (Wärmestarre), solche Temperaturen werden allerdings in Europa nicht erreicht. Im Mittelmeerraum kommen besonders viele wechselwarme Tiere vor, da es warm ist und zudem fast alle im Meer lebenden Tiere wechselwarm sind.

13.2 Tiere in Kälte und Wärme

Der Eisbär lebt in kalten Regionen	Abb. 1
Regulation der Körpertemperatur beim Eisbären	**1** Abb. 3
Weißes Fell als Tarnung, Aufnahme der Wärmestrahlung der Sonne durch die dunkle Haut	**2** Abb. 1,4
Verkleinerung der Körperoberfläche führt zu geringerer Wärmeabgabe	**3** **5** Abb. 5,6
Regulation der Körpertemperatur beim Elefanten	**4** Abb. 2

1

Der Eisbär nimmt mit der Nahrung Energie auf, die er zur Wärmeproduktion im Körper nutzt. Zusätzlich nimmt seine dunkle Haut das Sonnenlicht auf und wandelt es in Wärme um. Eine Isolation aus Fell und Fettschicht verhindert eine übermäßige Wärmeabgabe an die kalte Außenluft. Wenn seine Körpertemperatur zu weit ansteigt, kann er Wärme durch die kaum behaarte Schnauze und Nase abgeben.

2

Für den Schneehasen wäre ein dunkles Fell günstiger, da er dann einen Teil der Körperwärme durch Ausnutzung der Sonnenstrahlung gewinnen könnte. Ein dunkles Fell würde ihn aber auf schneebedecktem Boden nicht vor seinen Fressfeinden tarnen. Er würde zur leichten Beute werden. Daher ist ein weißes Fell für sein Überleben günstiger.

3

Der im Zeitungsartikel beschriebene Mann hat in einem Schlafsack geschlafen. Zwischen Schlafsack und Kleidung des Mannes befand sich eine Luftschicht. Der

Schlafsack selbst ist mit einem porösen Material gefüllt, dessen Hohlräume wiederum Luft enthalten. Luft ist ein schlechter Wärmeleiter. Die vielfachen Luftschichten haben durch ihre Isolation verhindert, dass der Körper zu viel Wärme an die Außenluft abgegeben hat. Wärme wird vom Körper v.a. durch die Körperschale abgegeben. Durch das Einrollen hat der Mann seine Oberfläche verkleinert, sodass nur wenig Wärme durch die Körperschale nach außen entwichen ist.

4

Wenn ihr Körper zu warm wird, müssen gleichwarme Tiere Wärme abgeben können. Das geht am leichtesten an Stellen, wo der Körper nur wenig isoliert ist. Das sind z.B. Flächen ohne Fell oder mit nur geringer Behaarung.

5

Durchschnittstemperaturen:

Polarkreis:	Juli 10 bis15 °C, Januar –10 bis –15 °C
Deutschland:	Juli 25 bis 28 °C, Januar 0 bis –5 °C
Wüste Sahara:	Juli 28 bis 35 °C, Januar 22 bis 25 °C

Polarfuchs: kleine rundliche Ohrmuscheln, viel kleiner als der Kopf
Rotfuchs: Ohrmuscheln nahezu so lang wie der Kopf
Wüstenfuchs: breite Ohrmuscheln, nahezu doppelt so lang wie der Kopf
Füchse in einem kalten Klima haben kurze Ohrmuscheln, während Füchse, die in einem heißen Klima leben sehr lange und breite Ohrmuscheln besitzen.
Der Körper von Füchsen, die in einem heißen Klima leben, erwärmt sich aufgrund der Sonnenstrahlung sehr rasch. Durch die gut durchbluteten und nur schütter behaarten Ohrmuscheln kann sehr viel Wärme abgegeben werden, sodass die Körpertemperatur nicht zu sehr ansteigt. Für Füchse in einem kalten Klima wäre es sehr ungünstig zu viel Wärme über die Ohrmuscheln zu verlieren. Sie sind daher nur sehr klein ausgebildet.

M Fünf-Schritt-Lesemethode

1

Der Eisbär
Der ausgewachsene Eisbär erreicht eine Körperlänge von 250 cm.[1] Seine Schulterlänge liegt bei 150 cm.[2] Das Gewicht eines solchen Riesen beträgt ungefähr 400 kg.[3] Sein Fell ist gelblich weiß. Eine 10 cm dicke Fettschicht in der Unterhaut schützt ihn vor der arktischen Kälte.[4] Die Heimat des Eisbären liegt in der Nähe des Nordpols. Man trifft ihn vor allem in den Küstenbereichen des Nordpolarmeeres an. Dort gibt es riesige Eisschollen, auf denen er lebt und jagt.[5] Zum Überwintern gräbt er sich im Oktober eine Höhle in den Schnee.[6] Der Eisbär ernährt sich hauptsächlich von Robben. Daneben jagt er Lemminge und Mäuse. Auch Aas steht bei ihm auf dem Speiseplan.[7] Im April paaren sich die Eisbären. Im Januar gräbt sich das Weibchen eine Höhle in den Schnee. Dort bringt es durchschnittlich zwei Junge zur Welt.[8]

Zwischenüberschriften
1. Länge
2. Größe
3. Gewicht
4. Kälteschutz
5. Lebensraum
6. Überwinterung
7. Nahrung
8. Fortpflanzung

2

Zusammenfassung
Der Eisbär wird bis zu 250 cm lang und bis zu 150 cm groß. Er wiegt bis zu 400 kg. Eine Fettschicht unter seinem Fell schützt ihn vor der Kälte. Er lebt in der Arktis. Robben sind seine Hauptnahrung. Er überwintert in einer selbst gegrabenen Höhle. Die Eisbärin gebärt zwei Jungen. (50 Wörter)

3

1 April
2 Nordpol
3 Kälte
4 Fettschicht
5 Zwei
6 Aas
Lösungswort: Arktis

13.3 Wale und Delfine

Wale und Delfine sind Säugetiere	
Vergleich: Fisch – Wal – Pferd	1 Abb. 1–4
Angepasstheiten an das Leben im Wasser	2 4 Abb. 1,2,4
Verständigung im Wasser	3

1

a)
- leben im Wasser
- können gut schwimmen und tief tauchen
- besitzen Flossen
- haben einen stromlinienförmigen Körper

b)
- gebären lebende Jungen
- säugen ihre Jungen mit Muttermilch
- sind gleichwarm
- haben eine Haut (keine Schuppen)
- atmen durch Lungen
- Skelett ähnlich: Rippen, Schwanzwirbelsäule, Schulterblatt, Arm- und Fingerknochen

2

- Flossen: durch Auf- und Abwärtsbewegung der waagrechten Schwanzflosse können sich Wale im Wasser fortbewegen
- glatte, haarlose Haut; gut zum Gleiten durch das Wasser
- dicke, wärmende Speckschicht unter der Haut
- Nasenöffnung liegt an der höchsten Stelle des Körpers; Wale müssen nur leicht auftauchen, um einzuatmen.
- Sie können den Sauerstoff der Einatmungsluft sehr gut ausnutzen und so lange unter Wasser bleiben.

3

z.B. im Schwimmbad unter Wasser sprechen (=> klingt lauter)
in Badewanne untertauchen, Stimme ist an anderer Stelle der Wasserleitung hörbar

4

Das Jungtier muss sofort selbstständig schwimmen können; es wird schnell auftauchen und Luft holen.

M Tiersteckbriefe mit Word erstellen

Vorgaben für Steckbriefe	Abb. 5,6
Erstellen eines Tierlexikons	
Arbeit mit Word – Programm starten	
Arbeit mit Word – Überschrift erstellen	
Arbeit mit Word – Tabelle anlegen	Abb. 1,2
Arbeit mit Word – Tabelle ausfüllen	Abb. 3
Arbeit mit Word – Text als Datei speichern	Abb. 4
Steckbriefe erstellen	1 2

1

Tiersteckbrief erstellen
individuelle Lösung

2

Steckbrieftext
individuelle Lösung

13.4 Zoo

–

M Basiskonzepte zum Thema „Angepasstheiten von Pflanzen und Tieren an die Jahreszeiten“

–

14 Die Sinnesorgane des Menschen

14.1 Sinnesorgane und Wahrnehmung

Wodurch nehmen wir die Umwelt wahr	Abb. 1
Reize und Sinneszellen	1 Abb. 2
Die Verteilung von Sinneszellen ist eine Angepasstheit an die Lebensweise	3 Abb. 3
Der Ausfall von Sinneszellen (Auge) hat Einfluss auf das Empfinden und die Lebensweise eines Menschen	2 Abb. 4

1

Reiz	Sinnesorgan
Druck des Wassers auf der Haut	Haut (Druck-Sinneszellen)
Kälte des Wassers	Haut (Wärme-Sinneszellen)
Geräusch des Wassers	Ohr
Licht	Auge
(evtl.) Geruch nach Chlor	Nase

2

a)
- kalt und windstill (Haut)
- harter, holpriger Untergrund (Haut)
- Geräusch von klappernden Kleiderbügeln (Ohr)
- Fischgeruch (Nase)
- Geräusch von Schritten (Ohr)
- Stimmengewirr (Ohr)
- Summen eines Ventilators (Ohr)
- warme, stickige Luft (Haut und Nase)
- schneidender, kalter Luftzug (Haut)
- Kaffeeduft (Nase)
- Duft frisch gebackenen Kuchens (Nase)
- Türklinke ist kalt (Haut)

b) Ein Sehender würde sich anhand der Umgebung, die er sieht, orientieren: die Geschäfte betrachten, die Straßennamen lesen, überlegen, wo das Café liegt und so lange gehen, bis er den Eingang des Cafés sieht. Die Temperaturen, Gerüche und Geräusche der Umgebung würde er dabei weitgehend ignorieren und sich komplett auf das verlassen, was er sieht.
Die Blinde kann das fehlende Sehvermögen in gewissem Umfang dadurch ausgleichen, dass sie andere Sinneseindrücke (Geräusche, Gerüche, Luftzug etc.) viel intensiver wahrnimmt und sich anhand dieses Eindrücke ein „Bild" der Umgebung macht und sich orientiert.

3

a) Die Wahrnehmung von Wärme und Kälte sind für den Menschen besonders wichtig, da alle Körperfunktionen an eine konstante Körpertemperatur gebunden sind. Um diese aufrecht zu halten, ist es wichtig, die Umgebungstemperatur wahrzunehmen und das Verhalten daran anzupassen, um den Körper vor Auskühlung oder Überhitzung zu schützen (z.B. Heizen im Winter, leichte Kleidung im Sommer). Extreme Hitze und Kälte sind für den Körper gefährlich und können z.B. die Haut zerstören.
b) Die Abbildung beschreibt, in welchem Abstand auf verschiedenen Körperteilen zwei Druckreize getrennt wahrgenommen werden (Raumschwelle). Die Zungenspitze ist für Druckreize extrem empfindlich, der noch wahrgenommene Abstand liegt unter 1 mm; auch an Lippe und Fingerspitze kann man Druckreize sehr gut unterscheiden (ca. 1–3 mm). Mit der Handfläche kann man Reize unterscheiden, die 1 cm auseinander liegen, weniger empfindlich ist der Handrücken (ca. 2,9 cm). Am Oberarm ist man unempfindlich für die räumliche Auflösung von Druckreizen, Reize müssen mehr als 6,4 cm auseinander liegen, um getrennt wahrgenommen zu werden.
c) Die unterschiedliche Empfindlichkeit gegenüber nah beieinander liegenden Druckreizen steht im Bezug zu den Leistungen der Körperteile: Die Zunge muss sehr empfindlich sein, um Nahrung gut zu spüren und zusammen mit den Lippen exakte Bewegungen beim Sprechen durchzuführen. Mit den empfindlichen Fingerspitzen tasten wir unbekannte Strukturen ab. Die Handfläche

muss beim Greifen sehr viel feinere Druckpunkte auflösen können als der Handrücken. Am Oberarm muss keine genaue Wahrnehmung von Druckreizen erfolgen.

d) Information und Verständigung: Sinnesorgane der Haut dienen zur Aufnahme von Informationen (z.B. Druckpunkte in unterschiedlichem Abstand zueinander) aus der Umwelt.

14.2 Erzeugung und Leitung von Schall

Schwingungen werden übertragen	1	Abb. 3
Die Schallübertragung ist an ein „Medium" gebunden (Luft, Wasser...)	2	Abb. 4
Anwendungen der Schallübertragung	3 4	Abb. 5
Abhängigkeit der Lautstärke und der Tonhöhe	5	Abb. 6

1

a) Der Schlag auf das rechte Tamburin versetzt die Tamburinmembran in Schwingungen. Diese Schwingungen übertragen sich auf die umgebende Luft. Die schwingenden Teilchen der Luft versetzen das linke Tamburin in Schwingungen, was wiederum zur Bewegung des Schlägels, der das Tamburin berührt, führt.
b) Hypothese 1: Der Schlägel am Faden bewegt sich nicht mehr. Erklärung: Die Glasplatte reflektiert den Schall vom rechten Tamburin, sodass sich die Schwingungen der Luft nicht auf die andere Seite der Glasplatte und auf das linke Tamburin übertragen können.
Hypothese 2: Der Schlägel am Faden bewegt sich immer noch. Erklärung: Der Schall versetzt die Glasplatte in Schwingungen, die weiter über die Luft auf das Tamburin übertragen werden.

2

Die elektrische Klingel versetzt die Luftteilchen in Schwingungen, die wir als Schall hören. Beim Absaugen der Luft nimmt die Anzahl der Luftteilchen in der Glocke ab; wenn das Vakuum hergestellt ist kann sich die Schwingung der Klingel nicht mehr auf die Luftteilchen übertragen, sodass sich kein Schall ausbreitet und bis an unser Ohr gelangen kann. Wir hören nichts mehr.

3

Das Echolot nutzt die Prinzipien der Schallausbreitung und Schallreflektion. Schall wird vom Schallgeber am Schiffsrumpf ausgesendet und breitet sich über das Wasser aus. Am Meeresgrund wird der Schall reflektiert und gelangt so wieder an die Oberfläche, wo er vom Echoempfänger detektiert wird. Aus der Zeit zwischen Schallabgabe und Echoempfang kann bei Einbeziehung der Schallgeschwindigkeit in Wasser der Abstand zum Meersgrund berechnet werden.
Wenn die gemessene Zeit 2,5 Sekunden beträgt, beträgt die Wassertiefe 1850 m.

4

Schienen bestehen aus Eisen. In Eisen ist die Schallgeschwindigkeit sehr viel größer als in der Luft. Das Geräusch des nahenden Zuges überträgt sich daher sehr schnell über die Schienen und ist an den Schienen schon sehr viel früher zu hören als in der Luft.

5

Die Stärke des Anschlagens wirkt sich als Lautstärke aus: Je stärker das Lineal angeschlagen wird, umso größer ist die entstehende Schwingungsbewegung (Amplitude der Schallwelle) und umso lauter der entstehende Ton. Wie weit das Lineal übersteht wirkt sich auf die Tonhöhe aus: Je kürzer das überstehende Linealstück ist, umso schneller ist die entstehende Schwingung und umso höher ist der entstehende Ton (Frequenz der Schallwelle).

14.3 Das Ohr

Stationen des Hörvorganges	1 Abb. 1
Richtungshören	2 Abb. 1,2
Bedeutung des Gehörs im Alltag	3 4 Abb. 4,5

1

Schall gelangt über die Ohrmuschel in den Gehörgang und weiter bis zum Trommelfell. Das Trommelfell wird durch die Schwingungen der Luftteilchen in Bewegung versetzt. Die Schwingungen des Trommelfells werden auf die Gehörknöchelchen im Mittelohr übertragen, die durch ihre Anordnung den Schall verstärken. Die Mittelohrknöchelchen übertragen den Schall auf die Schnecke des Innenohrs, das im Schädelknochen liegt. In der Schnecke führt der Schall zu einer wellenartigen Flüssigkeitsbewegung, die sich auf Sinneszellen überträgt. Die Sinneszellen erzeugen als Reaktion auf diese Bewegung elektrische Signale, die über den Hörnerv zum Gehirn geleitet werden, wo die Wahrnehmung entsteht.

Schall
↓
Gehörgang
↓
Trommelfell
↓
Mittelohrknöchelchen
↓
Schnecke
↓
Sinneszellen
↓
Hörnerv
↓
Gehirn

2

a) Die Schallgeschwindigkeit in Luft beträgt 331 m/s, d.h. 33100 cm/s, d.h. ein cm wird in 0,00003 s, also 0,03 ms zurückgelegt.
Wenn mit dem Stab 1 cm links oder rechts von der Schlauchmitte geschlagen wird, bedeutet dies eine Entfernungsdifferenz zwischen den beiden Ohren von 2 cm. Der Schall kommt an dem einen Ohr also 0,06 ms früher an als an dem anderen Ohr und dieser kleine Zeitunterschied wird vom Gehirn als Richtungsinformation wahrgenommen.
b) Im Wasser ist die Schallgeschwindigkeit viel höher als in der Luft (Luft: 331 m/s, Wasser: 1480 m/s). Zum Richtungshören werden Zeitunterschiede im Eintreffen des Schalls an den beiden Ohren ausgenutzt. Da sich der Schall unter Wasser so schnell ausbreitet, ist die Zeitdifferenz der Signale aus beiden Ohren zu klein um wahrgenommen zu werden und Richtungshören ist nicht möglich.

3

a) Geräusche von Auto, Straßenbahn und Motorrad; Sirene des Krankenwagens, Stimmen
b) Wenn jemand auf einem Ohr taub ist, kann er viel schlechter die Richtung eines Schalls wahrnehmen, da Richtungshören die Unterschiede des Schalls an beiden Ohren nutzt. So ist es z.B. schwerer möglich, die Richtung wahrzunehmen, aus der der Krankenwagen kommt und so vorherzusehen, dass dieser eventuell abbiegen wird, man also nicht über die Straße gehen sollte. Für jemanden, der beidseitig gehörlos ist, ist die Situation noch schwieriger, da dieser, wenn er den Krankenwagen noch nicht gesehen hat, überhaupt nicht damit rechnet, dass ein Fahrzeug über die Kreuzung fahren wird, während die Fußgänger grün haben.

4

a) Der Verlust des Gehörs kann an vielen verschiedenen Stellen des Hörsystems entstehen: Das Trommelfell kann komplett beschädigt sein (bei kleinen Verletzungen wächst es schnell wieder zusammen), die Übertragung im Mittelohr kann verhindert sein (z.B. durch Flüssigkeit im Mittelohr oder Versteifung der Mittelohrknöchelchen), die Sinneszellen im Innenohr können defekt sein (häufige Ursache von angeborener Taubheit), der Hörnerv oder Teile des Gehirn können beschädigt sein (z.B. nach Schlaganfall).

b) Gehörlosigkeit trennt in gewisser Weise von den Menschen, da unser Zusammenleben und die Kommunikation auf Sprache beruht, die von Gehörlosen nicht wahrgenommen werden kann. Gehörlosigkeit wird daher z.T. noch schmerzlicher und isolierender wahrgenommen als Sehverlust. Hinzu kommt, dass Blinde zunehmend andere Sinne „schärfen“ können und z.B. einen verbesserten Hörsinn entwickeln, eine Verbesserung des Sehsinns für Gehörlose aber weniger möglich ist.

c) Verständigung über Gebärdensprache ist möglich, wenn man sich gegenseitig sieht und beide Gesprächspartner (dieselbe) Gebärdensprache können. Im Fernsehen wird daher ein Sprecher eingeblendet, der „mit den Händen spricht“ und über große Entfernungen kann über Video-, oder Internettelefon das Bild des Gesprächspartners übermittelt werden. Gut ist die Verständigung vor allem, wenn zwei Personen sich unterhalten, bei vielen gleichzeitig gebärdenden Personen wird die Verständigung zunehmend schwieriger.

14.4 Lärm und Gesundheit

Musik in der Schule	1 Abb. 2
Versuch zur Konzentrationsfähigkeit und Lärm	3 Abb. 3
Vorschriften oder Selbstbestimmung	2 Abb. 2,4

1

Stichworte zur Diskussion können sein:
Pro: Schutz vor Lärmschäden durch laute Musik; Isolation: jeder hört allein für sich, weniger Gespräche, Kommunikation; Schüler sind beim Musikhören passiv, Konkurrenz um bestes Gerät; Versuchung, im Unterricht Musik zu hören oder mit dem Gerät rumzuspielen, wird durch Verbot verhindert
Kontra: Freiheit wird eingeschränkt, Musik in der Pause als Entspannung, auf langem Schulweg (Bus) praktisch, Zeitvertreib

2

Stichworte zur Diskussion können sein:
Jeder ist für sich selbst verantwortlich, ein Arbeitsplatz darf nicht die Gesundheit gefährden, Kinder und Jugendliche müssen geschützt werden, Krankheiten und Spätfolgen belasten die ganze Gesellschaft

3

a) –
b) z. B.:
- Die eine Hälfte der Klasse macht die Aufgaben zuerst ohne und danach mit Musik, die andere Hälfte macht es in umgekehrter Reihenfolge; die Ergebnisse werden gemittelt.
- Es können unterschiedliche Rechenaufgaben für beide Versuchsteile gewählt werden, wobei sicher gestellt sein muss, dass alle gleich schwierig sind.

14.5 Licht

Ausbreitung von Licht, Schatten	1	Abb. 1,2,6
Reflexion und Absorption	2 4	Abb. 3,5,8
Entstehung von Farben	3	Abb. 4,7

1

Die hellen Flächen kommen zu Stande, indem Licht beider Scheinwerfer die Wand erreicht und Licht reflektiert wird. Der Kernschatten ist der Bereich, auf den kein Licht der Scheinwerfer trifft, da der Quader im Strahlengang steht und Licht den Quader nicht durchdringen kann. Seitlich des Kernschattens gibt es Bereiche, die nur von Licht eines der beiden Scheinwerfer erreicht werden und deshalb weniger Licht reflektieren; diese Flächen liegen im Halbschatten.

2

An einer glatten Oberfläche werden parallel eintreffende Lichtstrahlen in gleichem Winkel reflektiert und bleiben daher parallel zueinander. An einer unregelmäßigen Oberfläche kommt es zu unterschiedlichen Brechungswinkeln und die reflektierten Lichtstrahlen haben nicht mehr dieselbe Richtung. Ein Spiegel hat eine glatte Oberfläche, Licht wird gleichmäßig reflektiert und man erhält ein klares Bild. Eine Holzplatte hat eine raue Oberfläche; Licht wird gestreut, d.h. in unterschiedliche Richtungen reflektiert und man erhält kein Bild.

3

a) Die Farbe mit der Ziffer 3 erhält man durch Mischung von Gelb und Rot in gleichen Teilen. Die Farbe mit der Ziffer 4 erhält man durch Mischung der Farbe 3 mit der Grundfarbe Rot. Da die Farbe 3 aus Gelb und Rot besteht (1:1), mischt man Rot und Gelb im Verhältnis 3:1, um Farbe 4 zu erhalten.

b) Gegenstände erscheinen schwarz, wenn sie alle Farbanteile des weißen Lichts absorbieren und nicht reflektieren. Da Lichtstrahlen Energie enthalten nimmt der schwarze Gegenstand bei der Lichtabsorption Energie auf und wird daher besonders warm. Weiße Gegenstände reflektieren Licht total und erwärmen sich daher weniger.

4

a) Reflektoren senden selbst kein Licht aus, sondern reflektieren lediglich Licht, dass z.B. von Autoscheinwerfern ausgeht. Um in Dunkelheit besser sehen zu können und besser gesehen zu werden (z.B. von Fußgängern), ohne gleichzeitig angestrahlt sein zu müssen, reichen Reflektoren daher nicht, sondern Fahrradbeleuchtung ist notwendig.

b) –

c) Gerade in der Dämmerung werden Fahrradfahrer leicht von Autofahrern übersehen und sollten durch Anschalten des Lichts auf sich aufmerksam machen.

14.6 Das Auge

Bau des Auges, Stationen des Sehens	1	Abb. 1,2
Versuch zum blinden Fleck	3	Abb. 3
Dämmerungssehen	5	
Pupillengröße	4	Abb. 1
Gefahren für das Auge	2	Abb. 4

1

Licht gelangt durch die Hornhaut ins Auge
↓
Licht wird durch die Pupille gelassen
↓
Licht wird durch die Linse gebrochen
↓
Licht gelangt durch den Glaskörper
↓
Licht trifft auf die Netzhaut
↓
Sehsinneszellen (Stäbchen und Zapfen) reagieren und senden elektrische Signale an Nervenzellen
↓
Nervenzellen senden elektrische Signale an Sehnervenzellen
↓
Sehnervenzellen senden die Information als elektrisches Signal an das Gehirn
↓
Im Gehirn entsteht die Seh-Wahrnehmung

2

a) Wenn die Sinneszellen geschädigt sind, kann ein Sehverlust entstehen. Beschädigung der Hornhaut kann die Lichtbrechung in der Hornhaut verändern, sodass man nicht mehr scharf sehen kann. Bei großen Verletzungen des Glaskörpers kann das ganze Auge verloren gehen, da die anderen Teile des Auges austrocknen können. Wird die Linse durch „Grauen Star" oder Chemikalien getrübt, trübt sich der Seheindruck.

b) Bei heller Sonnenstrahlung UV-undurchlässige Sonnenbrillen tragen, da UV-Strahlen die Sinneszellen schädigen und „Grauen Star" auslösen können. Schutzbrille beim Schweißen tragen, um Verletzungen durch Splitter und Funken zu vermeiden und die Lichtsinneszellen vor zu großen Lichtmengen zu schützen. Beim Umgang mit Chemikalien Schutzbrille tragen, da z.B. Säuren die Hornhaut verletzen können.

3

a) Beim Fixieren des Kreuzes ist dieses scharf zu erkennen, Kreis und Rechteck wirken undeutlicher. Bei einem bestimmten Abstand zwischen Auge und Buch ist rechts nur noch der Kreis zu sehen, das Rechteck ist verschwunden. Wird der Abstand noch kleiner, so taucht das Rechteck wieder auf, dafür verschwindet der Kreis. Wenn das Buch direkt vor die Augen gehalten wird, sind beide Symbole wieder zu sehen.
Beim Fixieren des Kreuzes wird dieses auf der Netzhaut am gelben Fleck abgebildet, wo die Zapfen besonders dicht stehen, hier wird dadurch besonders scharf gesehen. Kreis und Kreuz sind weiter außen auf der Netzhaut abgebildet, wo die Sehsinneszellen weniger dicht stehen und werden weniger exakt wahrgenommen. Bei einem bestimmten Abstand zwischen Auge und Buch fällt Licht, das vom Rechteck kommt, genau auf den blinden Fleck, den Bereich auf der Netzhaut, an dem der Sehnerv das Auge verlässt. Da sich dort keine Sinneszellen befinden, wird die Lichtinformation nicht verarbeitet und man kann das Rechteck nicht wahrnehmen. Wenn der Abstand kleiner ist, werden Kreis und Rechteck an anderen Stellen der Netzhaut abgebildet, und nun trifft das Licht des Kreises genau auf den blinden Fleck – der Kreis wird nicht gesehen, während das Rechteck wieder sichtbar ist. Bei sehr kleinem Abstand sind beide Symbole ganz außen auf der Netzhaut abgebildet und sind für uns sichtbar.
Der Versuch ist ein Nachweis für den blinden Fleck.

4

Bei hellem Licht verkleinert sich die Pupille, in Dunkelheit wird sie größer. Diese Reaktion bietet Schutz vor zu hoher Lichtintensität und ermöglicht Sehen in unterschiedlich hellen Umgebungen.

5

Der fixierte Text wird auf der Netzhaut am Ort des schärfsten Sehens, dem gelben Fleck, abgebildet. Hier befinden sich v.a. Zapfen, die nicht besonders lichtempfindlich sind. Bei Dämmerung reicht das Licht nicht mehr aus, um die Zapfen anzuregen und die Buchstaben sind nicht mehr erkennbar. Die Gegenstände der Umgebung werden auf der Netzhaut am Rand abgebildet, hier befinden sich viele Stäbchen, die sehr lichtempfindlich sind und daher auch bei Dämmerung noch die Sehinformation vermitteln. Allerdings sind die Stäbchen unempfindlich für verschiedene Farben, und es erscheint alles gleich grau.

14.7 Auge und Sehen

Die Lichtbrechung im Auge, Akkommodation	1 Abb. 1,3
Versuch zur Nahpunktentfernung	3 4 Abb. 5
Augenfehler	2 Abb. 3,4

1

Um ein Bild scharf zu sehen, müssen die Lichtstrahlen, die von einem Punkt eines Gegenstandes ausgehen, auch in einem Punkt auf der Netzhaut zusammentreffen. Wenn der Gegenstand weit entfernt ist, müssen hierfür die auf das Auge treffenden Lichtstrahlen nur schwach gebrochen werden. Eine schwache Brechung wird dadurch erzielt, dass der Ringmuskel sich entspannt, die Linsenbänder dadurch gespannt werden und die Linse auseinander gezogen wird und eine flache Form annimmt. An einer flachen Linse wird das Licht nur schwach gebrochen. Ist ein Gegenstand nah, so muss die Lichtbrechung verstärkt werden, um ein scharfes Bild auf der Netzhaut zu erzielen: Der Ringmuskel zieht sich zusammen, die Linsenbänder erschlaffen, und die Linse nimmt eine kugelige Form an, die das einfallende Licht stark bricht. Die Anpassung der Brechungskraft des Auges auf unterschiedliche Entfernungen nennt man Akkommodation.

2

Bei Kurzsichtigkeit ist die Brechkraft der Linse zu stark, weit entfernte Gegenstände können daher nicht scharf gesehen werden, da sich die Lichtstrahlen schon vor der Netzhaut treffen. Zur Korrektur wird eine zusätzliche Linse verwendet (Brille oder Kontaktlinse), die die Lichtstrahlen in die andere Richtung bricht (konkave Linse) und den Brennpunkt nach hinten auf die Ebene der Netzhaut verschiebt.
Bei Weitsichtigkeit ist die Brechkraft der Linse zu schwach, nahe Gegenstände können daher nicht scharf gesehen werden, da sich die Lichtstrahlen erst hinter der Netzhaut treffen würden. Zur Korrektur wird eine zusätzliche Linse verwendet (Brille oder Kontaktlinse), die die Lichtstrahlen zusätzlich bricht (konvexe Linse) und den Brennpunkt nach vorne auf die Ebene der Netzhaut verschiebt.

3

a) z.B.: Auf Papier wird als Testfigur ein Kreis mit einer kleinen Lücke gezeichnet. Das Papier kann so gehalten werden, dass die Lücke entweder oben, unten, rechts oder links zu sehen ist. Der Versuchsperson wird das Papier in Stufen immer näher an das Auge herangeführt, bis die Unterscheidung nicht mehr richtig gemacht wird. Der Abstand, bei dem die Figur gerade noch richtig erkannt wird, gibt die Nahpunktentfernung an.
b) –
c) –

4

Mit zunehmendem Alter nimmt die Nahpunktentfernung zu, da die Linse im Alter nicht mehr so elastisch ist und die Kraft des Ringmuskels nachlässt. Dadurch können nahe Gegenstände nicht mehr scharf gesehen. Mit 60 Jahren liegt die Nahpunktentfernung beispielsweise bei 100 cm, d.h. zum Sehen aller näher liegenden Gegenstände, z.B. beim Lesen, muss eine Brille getragen werden.

15 Sinnesleistungen von Tieren und Menschen

15.1 Sinneswelten bei Tier und Mensch

Impuls: Ein Hund an der Leine schnüffelt an einem Baum, während Herrchen an der Leine zieht.	
Warum kann der Hund besser riechen als der Mensch?	2 Abb. 3
Untersuchungen bei anderen Sinnen, Einbeziehung der Katze	1 2 3 Abb. 2–6
Bezug zur Lebensweise	4 Abb. 2,4–6

1

Mensch: Alle Dinge werden wahrgenommen, außer den Gerüchen und Geräuschen.
Katze: singender Vogel, fliegender Vogel, piepsende Maus
Hund: fliegender Vogel, Geruchsspuren

2

a) Menschen haben die kleinste Riechschleimhaut, sie können auch am schlechtesten riechen. Hunde haben die größte Riechschleimhaut, sie können auch mit Abstand am besten riechen. Die Größe der Riechschleimhaut und das Geruchsvermögen der Katze liegen dazwischen.
b) Kleine Hunde haben trotzdem eine größere Riechschleimhaut, weil die ganze innere Nasenoberfläche mit der Riechschleimhaut ausgekleidet ist.

3

Sehschärfe: Gibt an, wie groß die Entfernung zwischen zwei gerade noch getrennt wahrnehmbaren Punkten ist.
Hörschärfe: Gibt an, wie groß die Entfernung zweier Geräuschquellen ist, wenn sie gerade noch getrennt wahrgenommen werden.
Der Mensch kann am schärfsten sehen, die Katze am wenigsten scharf. Die Katze hat die beste Hörschärfe, der Mensch die schlechteste.

4

Der Mensch war Jäger und Sammler. Zum Erkennen der Früchte musste er gut die Farben unterscheiden können. Da er am Tag größere Tiere jagte, kam ihm auch dabei das gute Sehen zu gute.
Der Wolf jagt größere Beutetiere. Er findet sie durch den Geruch der Tiere oder ihre Spuren. Bei der Jagd genügt es, wenn er die Bewegungen des fliehenden Tieres gut erkennen kann.
Die Katze lauert häufig auf Beute z.B. vor einem Mauseloch. Hier genügt es, wenn sie die Bewegungen der Maus beim Verlassen des Verstecks wahrnimmt. In der Dämmerung und bei Dunkelheit ortet sie die Beute mit ihrem guten Gehör.

15.2 Gesichtsfelder sind verschieden

Lage der Augen bei verschiedenen Tieren	Abb. 1,2

Gesichtsfeld und räumliches Sehen im Vergleich	1 Abb. 1

Flucht- und Raubtiere: Angepasstheiten im Gesichtsfeld an die Lebensweise	2 Abb. 1,2

Räumliches Sehen und Gebrauch der Hände bei Menschenaffen	3 Abb. 3

1

	Bereich des Gesichtsfeldes, der mit beiden Augen gesehen wird	Bereich des Gesichtsfeldes, der nur mit einem Auge gesehen wird	Bereich, der nicht gesehen wird
Hund	120°	80°	80°
Katze	120°	80°	80°
Pferd	65°	146°	3°
Mensch	120°	40°	160°

2

a)

Tierart	Lage der Augen	Fluchttier oder Raubtier?
Hund (Husky)	vorne	Raubtier
Hauskatze	vorne	Raubtier
Pferd	seitlich	Fluchttier
Braunbär	vorne	Raubtier
Murmeltier	seitlich	Fluchttier
Silbermöwe	seitlich	Fluchttier
Schleiereule	vorne	Raubtier

Raubtiere haben vorne liegende Augen, Fluchttiere haben seitlich liegende Augen.

b)

Vorne liegende Augen bedingen ein kleines Gesamt-Gesichtsfeld, aber einem großen Bereich räumlichen Sehens. Ein solches Gesichtsfeld ist für Raubtiere vorteilhaft beim gezielten Angreifen bei der Jagd. Der Nachteil ist, dass ein großer Bereich der Umgebung nicht gesehen wird.

Seitlich liegende Augen bedingen ein sehr großes Gesichtsfeld, wobei der Bereich, der räumlich gesehen wird, klein ist. Ein solches Gesichtsfeld ist für Fluchttiere vorteilhaft, um Feinde früh bemerken und flüchten zu können, aber nachteilig, um sehr gezielte Bewegungen zu machen, bei denen man räumlich sehen muss.

3

Schimpansen klettern und können sich sicher von Ast zu Ast schwingen. Dies ist nur möglich, weil sie aufgrund ihrer vorne liegenden Augen sehr gut räumlich sehen können. Auch vollführen Schimpansen geschickte Handlungen mit den Händen und stellen Werkzeuge her. Auch hierfür benötigen sie das gute räumliche Sehvermögen.

15.3 Vergleich von Hör- und Sehleistungen

Vergleich des Farbensehens	Abb. 1
Vergleich des Hörvermögens	Abb. 2
Angepasstheiten: Sinnesleistungen und Ernährungsweise	1 Abb. 1,2
Modell: Sinnesorgane sind wie Fenster; unterschiedliche Sinneswelten	2 Abb. 3

1

Die Honigbiene kann ultraviolette Strahlung sehen und erkennt damit Muster auf Blüten, die wie Signale auf der Suche nach Pollen und Nektar wirken, von denen sich die Honigbiene ernährt.
Die Grubenotter kann mit ihrem Grubenorgan infrarote Strahlung (Wärmestrahlung) wahrnehmen. Sie bemerkt dadurch Beutetiere, deren Körper Wärme abstrahlen, auch in der Dunkelheit und kann sie fangen.
Katzen können sehr hohe Töne hören, die für uns Menschen nicht wahrnehmbar sind. Mäuse verständigen sich untereinander mit solchen hohen Tönen. Katzen können die Mäuselaute hören und so ihre Beute auffinden.

2

a) Die Abbildung zeigt einen Mensch in einem Raum. Durch die Fenster dringen verschiedene Eindrücke aus seiner Umwelt auf ihn ein, z.B. der Geruch von Bratwurst oder Hitze. Andere Umweltfaktoren, z.B. das Magnetfeld der Erde und ultraviolette Strahlung, kommen nicht durch die Fenster, sondern prallen an der Wand ab; diese werden nicht wahrgenommen.

Die Sinnesorgane des Menschen ermöglichen die Wahrnehmung von Licht (nur bestimmte Farben) und Geräuschen (nur bestimmte Tonhöhen). Durch sie kann man riechen, schmecken, fühlen und Wärme spüren. Diese Eindrücke kommen wie durch ‚Fenster' zu einem. Anderes können wir nicht wahrnehmen, weil uns die Sinnesorgane (Fenster) hierfür fehlen: Fledermausrufe, Röntgenstrahlung, den Geruch einer Menschenspur. Andere Tiere haben andere Sinnesorgane, die wie Fenster andere Eindrücke der Umwelt durchlassen und sie wahrnehmen lassen.

b) Modell für Katze

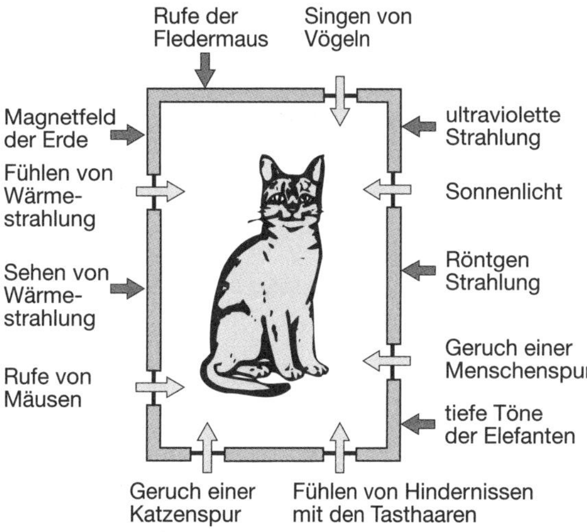

Die Katze kann hohe Töne von Mäusen hören. Sie kann mit Tasthaaren tasten und den Geruch einer Menschenspur riechen. Auch kann sie Sonnenlicht und Wärme wahrnehmen. Sie kann wie der Mensch aber auch nicht das Magnetfeld der Erde und Röntgenstrahlung wahrnehmen und die Rufe der Fledermaus hören.

c) Tiere verschiedener Arten haben unterschiedliche Fenster in ihrem Körper. Diese unterschiedlichen Fenster entsprechen Sinnesorganen mit verschiedenen Leistungen. Sie ermöglichen, bestimmte Eigenschaften der Umwelt wahrzunehmen und andere nicht. Daher ergibt sich für jedes Tier eine andere Sinneswelt.

M Basiskonzepte zum Thema „Die Sinnesleistungen des Menschen"

–

16 Sexualität des Menschen

16.1 Jeder Mensch ist einmalig

Gemeinsamkeiten und Unterschiede zwischen den Individuen einer Art	1 Abb. 1,4
„Du bist einmalig"/ individuelle Eigenschaften	2 Abb. 3 3 Abb. 2
Geschlechtliche Fortpflanzung und Vielfalt der Nachkommen	

1

Die Menschen, die in Abb. 1 abgebildet sind, haben sehr viele Gemeinsamkeiten, zum Beispiel im typisch menschlichen Körperbau (Gliedmaßen, aufrechter Gang, Anzahl der Augen usw.) und im (ungefähr gleichen) Alter – unterscheiden sich jedoch im Geschlecht, in der Haarfarbe, in den Gesichtszügen, in der Hautfarbe, in Körpergröße und Körpermasse und in der Kleidung. Die Hunde in Abb. 4 haben einen Körperbau, der für Hundewelpen typisch ist, sie haben unterschiedliche Fellfärbung und Musterung; die Schneckengehäuse sind grundsätzlich gleich gebaut, unterscheiden sich jedoch in der Färbung sowie in Breite und Anzahl der Bänder. Alle Blüten von Stiefmütterchen sind ähnlich gebaut, unterscheiden sich jedoch in der Farbe der Blütenblätter und in der Musterung.

2

(Hinweis: Es handelt sich um erbliche oder erblich mitbedingte Merkmale in Abb. 3.) Es wird sich zeigen, dass (mit Ausnahme eineiiger Zwillinge) sich niemand in der Klasse findet, der die gleiche Kombination von Merkmalen aufweist.

3

Zum Beispiel: groß-klein, dick-dünn, lustig-ernst, müde-wach, aktiv-passiv …

16.2 Veränderungen in der Pubertät

Körperliche und seeliche Veränderungen	1 Abb. 1
Zeitlicher Verlauf der Entwicklung in der Pubertät	2 Abb. 2,3
Richtig streiten	3 Abb. 4,5

1

a) Stadien: Baby, Kleinkind, Kind, Jugendlicher
Veränderungen: Zunahme an Körpergröße, Gesichtsformen werden markanter, Proportionen ändern sich (Augen, Nase, Kopf …), Haarfarbe wird dunkler, Unterschiede zwischen Mädchen und Jungen werden deutlicher (beim Baby am Gesicht kaum zu unterscheiden)
b) –

2

Der zeitliche Verlauf der Entwicklung bei Mädchen

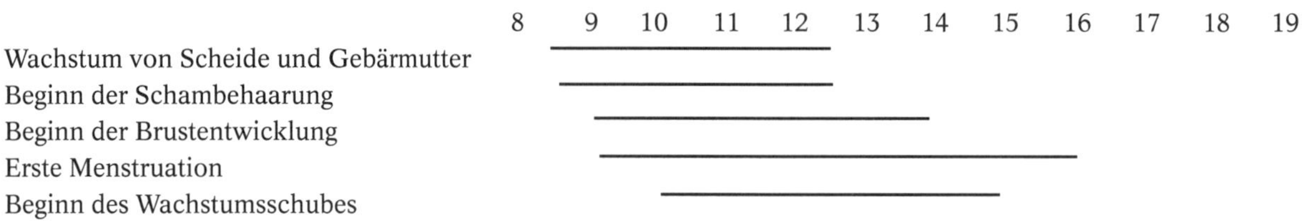

Der zeitliche Verlauf der Entwicklung bei Jungen

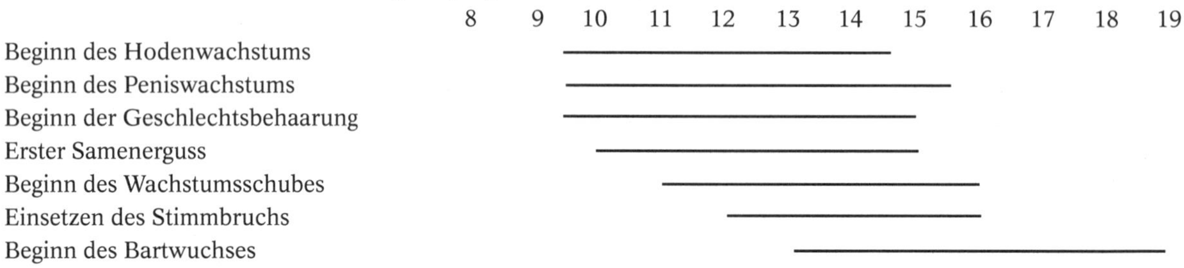

3

–

16.3 Weibliche Geschlechtsorgane

Bau und Funktion der weiblichen Geschlechtsorgane	**1** Abb. 1
Menstruation und Menstruationszyklus	Abb. 2
Menstruationskalender	**2** Abb. 4 **3** Abb. 3
Intimhygiene	

1

Die Schamlippen umgeben den Scheideneingang und die Klitoris.
Die Scheide führt zur Gebärmutter.
Von der Gebärmutter gehen zu beiden Seiten die Eileiter ab, die zu den beiden Eierstöcken führen.
(Vor der Scheide liegt der Ausgang der Blase, hinter der Scheide liegt der Ausgang des Darms.)

2

Tag 28: A
Tag 28–4: B
Tag 5–14: C
Tag 14: D
Tag 14–18: E

3

a) Durchschnittliche Zyklusdauer: 28,4 Tage
[(31+30+26+31+24) / 5 = 28,4]
b) 26. Jan; 26. Feb; 28. März; 23. April; 24. Mai; 17. Juni
c) nächster Eisprung: 17. Juni (14 Tage nach Beginn der letzten Menstruation)
nächste Menstruation: 2. Juli (28 Tage nach Beginn der letzten Menstruation)

16.4 Männliche Geschlechtsorgane

Bau und Funktion der männlichen Geschlechtsorgane, Intimhygiene	1	Abb. 1
Akne	3	Abb. 3
Männliche und weibliche Geschlechtsorgane	2	Abb. 2

1

Die beiden Hoden und die Nebenhoden liegen zusammen im Hodensack.
Vom Nebenhoden führt der Samenleiter zur Vorsteherdrüse (Prostata).
Der Ausgang der Vorsteherdrüse mündet in den Harnsamenleiter, der im Penis liegt. In den Harnsamenleiter mündet auch der Ausgang der Blase.
Der vorderste Teil des Penises ist die Eichel, die von der Vorhaut bedeckt wird.

2

Mann
1: Glied
2: Eichel
3: Vorhaut
4: Harn-Samenröhre
5: Hodensack
6: Hoden
7: Nebenhoden
8: Samenleiter
9: Vorsteherdrüse
10: After
11: Harnblase

Frau
1: Scheide
2: Schamlippen
3: Klitoris
4: Gebärmutter
5: After
6: Eileiter
7: Eierstock
8: Harnblase
9: Harnröhre

3

Vermischung von verhornten Zellen mit Talg
↓
Verstopfung des Ausführgangs
↓
Entstehung eines Mitessers
↓
Einwandern von Bakterien in den Mitesser
↓
Entzündung der Talgdrüse
↓
Entstehung von mit Eiter gefüllten Bläschen

16.5 Befruchtung, Schwangerschaft und Geburt

Befruchtung: Beginn der Entwicklung eines neuen Menschen	1 Abb. 1
Vom Eisprung bis zur Einnistung	1 Abb. 1
Modellversuch: Schutz des Fetus im Mutterleib	2 Abb. 2,3
Entwicklung in der Schwangerschaft, Geburt	1 Abb. 2–4
Keine Drogen in der Schwangerschaft!	3 Abb. 3,4

1

Beim Eisprung platzt das Eibläschen und gibt die reife Eizelle in den Eileiter ab. Die Eizelle wandert im Eileiter in Richtung Gebärmutter. Im Eileiter verschmilzt die Eizelle mit einem Spermium (=Befruchtung) und wird so zur Zygote. Die Zygote beginnt noch im Eileiter, sich zu teilen: Aus einer Zelle werden zwei (2-Zell-Stadium), aus zwei werden vier (4-Zell-Stadium) usw. Schließlich hat sich ein Keimbläschen mit vielen Zellen gebildet, das weiter zur Gebärmutter wandert. Etwa sechs bis sieben Tage nach der Befruchtung nistet sich der Embryo in der Gebärmutterschleimhaut ein.

2

Glaswand – Gebärmutterwand
Plastiktüte – Fruchtblasenwand
Wasser – Fruchtwasser
Ei – Embryo
Umgeben von Fruchtwasser in der Fruchtblase ist der Embryo gut vor Erschütterungen und Stößen geschützt.

3

Während der Schwangerschaft wird der Embryo/Fetus über die Plazenta und die Nabelschnur mit Sauerstoff und Nährstoffen aus dem Blutkreislauf der Mutter versorgt. Aber auch Alkohol, Nikotin und andere Drogen gelangen auf diesem Weg vom Blut der Mutter in das Blut des Kindes. Das ungeborene Kind ist sehr empfindlich gegenüber solchen Giften und es kann zu schweren und anhaltenden Entwicklungsstörungen kommen.

16.6 Entwicklung vom Säugling zum Kleinkind

Vom Säugling zum Kleinkind: Bewegen und Greifen	1 Abb. 1–5
Vom Säugling zum Kleinkind: Der Präzisionsgriff	2 Versuch Abb. 7
Lernen durch Nachahmung	3 Abb. 5
Sprachentwicklung: Zusammenwirken von Anlagen und Umwelt	4 Abb. 6

1

1) ca. 3–5 Monate; greift mit Faust, steckt Gegenstände in den Mund
2) ca. 3–6 Monate, hebt den Kopf, stützt sich auf, hat sich eventuell auf den Bauch gerollt
3) mind. 11 Monate; krabbelt
4) mind. 12 Monate; läuft

2

–

3

a) z.B.
sprechen, lächeln, Bausteine aufeinander setzen, eine Dose auf- und zumachen, Ball fangen, Lied singen
b) Sprache wird durch Nachahmung gelernt. Angeboren ist die Anlage, eine Sprache erlernen zu können, welche das ist, entscheidet das Umfeld. Mit 6–8 Monaten beginnt der Säugling, aneinander gereihte Silben ohne Bedeutung zu „brabbeln", mit ca. 9 Monaten entstehen so Wörter, die aber noch keine Bedeutung haben. Mit 10–12 Monaten beginnt das Kind, die Bedeutung der Wörter zu verstehen. Durch Wiederholung, Nachahmung, das Vorsprechen und die Reaktion der umgebenden Personen hat das Kind mit ca. 13–15 Monaten gelernt, die ersten Worte gezielt zu sprechen. Diese haben die Bedeutung ganzer Sätze (Einwortsatz). Mit zwei Jahren kann das Kind bereits verkürzte Sätze sagen (Zwei- und Dreiwortsätze) und mit ca. 4 Jahren richtige Sätze sprechen. Der Wortschatz und die Satzbildung erweitern sich kontinuierlich durch Nachahmung der sprechenden Bezugspersonen, sodass ein 6-jähriges Kind bereits über einen Wortschatz von 25.000 Wörtern verfügt.

4

Jeder Mensch besitzt die ererbten Anlagen, um sich mit einer Wortsprache verständigen zu können. Die Sprache selbst muss aber erlernt werden. Dies geschieht durch Nachahmen der Umwelt, durch zuhören, ausprobieren, nachahmen und die enge Interaktion mit den Eltern, die „richtige" Worte durch ihre Reaktion bestätigen und „falsche" korrigieren. Somit hängt auch von der Umgebung ab, welche Sprache ein Mensch erlernt („Muttersprache"). Ererbte Anlagen und Umwelt wirken also zusammen, beide sind notwendig, um das Erlernen der Sprache zu ermöglichen.

16.7 Familienplanung

Beziehungen zwischen Menschen, Verantwortung	1 Abb. 1
Bedeutung der Familie für die Entwicklung eines Kindes	2
Mittel und Methoden der Empfängnisverhütung	3 4 Abb. 2

1

a) individuelle Antworten, Stichwörter könnten sein:
Freundschaft: sich vertrauen, ehrlich sein, miteinander über alles reden können, gemeinsame Erlebnisse haben, Freizeit zusammen verbringen, Geheimnisse miteinander teilen, Spass haben...
Liebe: sich vertrauen, zueinander gehören, ehrlich sein, Verständnis füreinander, Anziehung, Zärtlichkeit, Sexualität, gemeinsame Erlebnisse, Freude, zueinander stehen, verliebt sein
b) (individuelle Antworten)
Altes Ehepaar: sorgen füreinander, kümmern sich bei Krankheit und Alter umeinander, lassen sich nicht allein.
Familie: Eltern sorgen für die Kinder, kümmern sich und helfen ihnen, jedes Familienmitglied übernimmt Aufgaben.
Zwei befreundete Jungen: Freundschaft, Erzähltes ernst nehmen und vertraulich behandeln, zuhören, den anderen nicht alleine lassen.
Jugendliches Pärchen: gegenseitige Achtung, Grenzen akzeptieren, Verhütung bei evtl. Geschlechtsverkehr
Freundinnen-Gruppe: die anderen nicht allein lassen, Geheimnisse bewahren, aufeinander achten
c) (individuelle Antworten)
Man sollte sensibel mit den Gefühlen anderer Menschen umgehen, sie ernst nehmen, nicht ‚mit ihnen spielen', sich überlegen, welche Wirkung Worte und Handlungen haben und sie nicht gewollt verletzen.

2

Kinder finden in der Familie Schutz und Geborgenheit. Die Familie sorgt für sie, sodass sie Essen und Trinken haben und sich erholen können. Kinder lernen in der

Familie viel und durch die Erziehung werden wichtige Regeln für den Umgang mit Menschen vermittelt. Die Eltern tragen auch Verantwortung für die schulische und berufliche Entwicklung des Kindes.

3

Der frühste Eisprung ist am 13. Tag; da Spermazellen 5 Tage lang befruchtungsfähig sind, ist der frühste fruchtbare Zeitpunkt der 8. Tag. Der späteste Eisprung ist am 16. Tag; da die Eizelle nach dem Eisprung einen Tag lang befruchtungsfähig bleibt, ist der letzte fruchtbare Zeitpunkt der 17. Tag. Die maximale Dauer der fruchtbaren Tage ist also 9 Tage.

4

a) Möglichkeiten, den Eisprung zu verhindern: Pille
b) Möglichkeiten, das Zusammentreffen von Ei- und Spermazellen zu verhindern: Kondom, chemische Mittel; indirekt auch Temperaturmethode und Kalendermethode, da hier kein Geschlechtsverkehr während der fruchtbaren Tage der Frau stattfindet.

16.8 Sexuelle Belästigung

Persönliche Grenzen, sexuelle Belästigung	1 2 Abb. 1,2
Formen sexueller Belästigung	
Fallbeispiel	3
Dumme Sprüche	Abb. 3

1

–

2

–

3

–

4

Sexuelle Belästigung,
- weil es eine unangebrachte Körperberührung (Grabscherei) ist,
- weil Claudia nicht möchte, dass Felix ihr an den Po fasst, und sie es ihm schon deutlich gesagt hat,
- weil Felix Claudia in ihren Grenzen verletzt.

Claudia sollte Felix nochmals deutlich sagen, dass sie sein Verhalten nicht möchte und sich belästigt fühlt. Es ist gut, dass sie mit Freundinnen darüber redet, damit diese auch auf die Situation achten, etwas sagen und eingreifen können. Wenn sich Felix' Verhalten nicht ändert oder schlimmer wird, sollte auch mit den Eltern und Lehrern gesprochen werden.

M Basiskonzepte zum Thema „Sexualität"

–